Carteles de la Época de Oro 1936–1956

CINE MEXICANO

Posters from the Golden Age 1936–1956

ROGELIO AGRASÁNCHEZ JR.

introduction by
CHARLES RAMÍREZ BERG

CHRONICLE BOOKS
SAN FRANCISCO

THANKS TO: Glenn Bray, Brian Moran, John Skillin, Miguel Padro, David Wilt, and Freddy Peralta. Also to the following film producers: Filmex; Producciones Raúl de Anda; Producciones Rosas Priego; Producciones Calderón; Felipe Mier; Películas y Videos Internacionales; Cinematográfica Tabasco; Rodríguez Hermanos, CLASA Films Mundiales; Producciones Tauro Films; Proda Films; Churubusco.

Library of Congress Cataloging-In-Publication Data:

Agrasánchez, Rogelio.
Cine mexicano: poster art from the golden age
1936–1956 / by Rogelio Agrasánchez Jr.; introduction by Charles Ramírez Berg.

p. cm.
Includes bibliographical references and index.
ISBN 0-8118-3058-6
1. Film posters, Mexican—Catalogs. I. Title.
PN1995.9.P5 A35 2000
741.6'74'0972—dc21

00-034556

Manufactured in China.
Book and cover design by Alethea Morrison.

Agrasánchez Film Archive
www.agrasfilms.com

10 9 8 7 6 5

Distributed in Canada by
Raincoast Books
9050 Shaughnessy Street
Vancouver, BC V6P 6E5

Chronicle Books LLC
85 Second Street
San Francisco, CA 94105
www.chroniclebooks.com

cover
DOÑA DIABLA
[SHE-DEVIL]
José Spert, 1949

page 1
SOY CHARRO DE LEVITA
[I AM A CHIC CHARRO]
Ernesto García Cabral, 1949

page 3
SOMBRA VERDE
[GREEN SHADOW]
Josep Renau, 1954

page 4
DONDE EL CÍRCULO TERMINA
[WHERE THE CIRCLE ENDS]
Josep Renau, 1955

CONTENTS

CONTENIDOS

CINE MEXICANO POSTER ART FROM THE GOLDEN AGE 1936—1956

INTRODUCTION

This selection of 150 posters from the Golden Age of Mexican cinema, 1936 to 1956, is drawn from the Agrasánchez Film Archive, a major repository of Mexican cinema artifacts. Owned and curated by Rogelio Agrasánchez Jr., it is the largest private collection of its kind in the world. The holdings include 1,400 Mexican films, 12,000 lobby cards, 60,000 still photographs, some 2,000 posters, and other paper memorabilia. As extensive as the poster collection is, though, it is far from complete. In preparing this book, one of the earliest realizations was that an initial triage of Golden Age poster art had already been made by fate: many Mexican posters, particularly of films produced before 1949, have been lost. The fact that so few survive is due in large measure to the ephemeral nature of film publicity.

Posters serve a commercial function—to publicize a movie and draw people into theaters. Conceived for such utilitarian purposes, Mexican posters, like their Hollywood counterparts, were lithographed on relatively cheap paper and not made to last. Compounding the problem for historians, archivists, and collectors is the fact that Mexican producers made far fewer copies of posters than Hollywood did. During the 1930s and 1940s, Hollywood studios printed approximately 7,000 to 13,000 posters per picture (some studios claimed runs as large as 20,000). From 1935 to 1961, it is estimated that some 200 million posters were made in the United States, advertising more than 8,000 feature films.

In comparison, during Mexico's roughly contemporaneous Golden Age—the era of *el Cine de Oro*—the total number of posters lithographed by Mexican producers and distributors amounted to around two percent of the above number. In the 1930s, when Mexican cinema was just coming into its own, 400 to 500 poster impressions per film probably sufficed to cover domestic exhibition venues. This would

CARTELES DE LA ÉPOCA DE ORO DEL CINE MEXICANO 1936—1956

INTRODUCCIÓN

La selección de 150 carteles de la Época de Oro del Cine Mexicano—de 1936 a 1956—que aquí se presenta pertenece al Archivo Fílmico de Rogelio Agrasánchez Jr., quien además es su curador. El archivo es la colección privada más grande del mundo en su género. Los acervos incluyen 1,400 películas mexicanas, 12,000 foto-montajes, 60,000 fotografías publicitarias, alrededor de 2,000 carteles y otros artículos coleccionables en papel. En la preparación de este libro, uno de los primeros hallazgos fue que la fatalidad ya había limitado la variedad inicial de carteles de la Época de Oro: muchos carteles mexicanos, particularmente de las películas producidas antes de 1949, se habían perdido. El hecho de que sobrevivieran tan pocos es debido, en gran medida, a la naturaleza efímera de la publicidad cinematográfica.

Los carteles tienen un propósito comercial: promover una película y atraer a la gente a los cines. Concebidos con fines tan utilitarios, los carteles mexicanos, así como sus contrapartes de Hollywood, fueron litografías impresas sobre papel relativamente barato, sin la pretensión de la durabilidad. Ello complica el trabajo de los historiadores, archivistas y coleccionistas pues los productores mexicanos hicieron pocos ejemplares de carteles, bastante menos que en Hollywood. Durante los años treinta y cuarenta, los estudios hollywoodenses imprimieron un promedio de 7,000 a 13,000 carteles por película (algunos afirmaron que hubo tirajes hasta de 20,000). Se estima que, de 1935 a 1961, se hicieron en Estados Unidos unos 200 millones de carteles para promover más de 8,000 largometrajes.

En comparación, durante la casi contemporánea Época de Oro del Cine Mexicano, el número de carteles de los productores y distribuidores mexicanos alcanzó poco más del 2 por ciento de la cifra arriba citada. En los años treinta, cuando el cine mexicano apenas surgía, tal vez eran suficientes de 400 a 500 carteles por

change quickly: in 1934, there were 282 theaters in Mexico; by 1947 the number had mushroomed to 1,726; and in 1952, when Mexican cinema was at or near its commercial peak, it had grown to 2,449. With this domestic growth and the expanding market for Mexican films throughout Latin America, Spain, and the U.S., the total number printed rose to about 2,000 to 3,000 per film by the most reliable estimates.

Normal wear and tear in the handling of the posters cut down their survival rate. Typically, posters were either rented or sold outright to the exhibitor for a nominal fee. As part of a movie's promotional package, posters were displayed in theaters throughout Mexico and in Mexican cinema's burgeoning foreign markets, particularly the U.S. and Latin America. After a film's initial release, exhibitors might save purchased posters for future use or, just as often, simply discard them. Rented posters had to be returned with the film to the distributor, which sent them on to the next exhibitor as the film gradually made its way from first- to second-run theaters. Eventually the best of the remaining ones were stored (usually shelved in back offices or makeshift storage rooms) for the film's foreign distribution or eventual re-release. Torn or damaged posters might be repaired (sometimes by pasting them onto a manila paper backing) or simply thrown away. In some cases distributors sent the posters back to the producers, who held the legal rights to the artwork. Some film producers might hold on to a handful of posters to use for a film's re-release, but in general, after a film's initial publicity run was over, poster holdings were scarce.

Although there are isolated accounts of Mexican movie fans decorating their homes with posters and movie memorabilia, the widespread appreciation, collection, and preservation of posters as popular art in Mexico is—as with Hollywood posters in the U.S.—a relatively recent phenomenon, probably dating back no farther than the 1960s. To be sure, the main trend of modern Mexican art in the twentieth century had been to popularize all forms for the masses, blurring the distinction between fine and folk art. There were celebrated cases of publicity posters being appreciated in their own time as impressive works of art, both abroad (Toulouse-Lautrec's famous cabaret posters) and in Mexico (the now celebrated engravings by José Guadalupe Posada). However, it is safe to say that when these classical-era posters were produced, commercial art of their ilk was considered to be strictly publicity, appreciated only in passing and infrequently collected.

All things considered, it is remarkable that as many as 840 *Cine de Oro* posters survive in the Agrasánchez Archive. They represent a sizable but partial record—perhaps 55 percent—of the posters produced for Mexican films during the twenty-year classical period. The other major repository of Mexican films and movie memorabilia is the national film archive, Cineteca Nacional. Unfortunately, in 1982 a fire destroyed a large portion of its holdings. It is still not known exactly what was consumed by the devastation, but among the losses were the nitrate negatives of numerous Mexican films, thousands of photographs from the Fototeca, the movie still archive, and a significant portion of its poster holdings.

In light of the unhappy loss of so many of the posters—and the chance survival of those that remain—the main rationale for this book is preservation: to maintain the memory of movie posters, a vital though neglected element of Mexico's rich cinematic and artistic past, and to acknowledge the artists,

película para cubrir las necesidades de exhibición nacional. Esta situación cambió rápidamente: en 1934 había 282 cines en México; en 1947 la cifra había subido vertiginosamente a 1,726 y en 1952, cuando el cine mexicano había alcanzado o estaba por alcanzar su apogeo comercial, existían 2,449. Con este crecimiento doméstico y el mercado de películas mexicanas extendiéndose por toda Latinoamérica, España y los Estados Unidos, los tirajes aumentaron a 2,000 o 3,000 ejemplares según las estimaciones más confiables.

El uso normal y el desgaste causado por el manejo de los carteles fueron otras de las razones por las que pocos ejemplares sobrevivieran. Los carteles generalmente se rentaban o vendían al exhibidor. Como parte del paquete promocional de una película, eran colocados en las salas de cine de todo México y de los florecientes mercados extranjeros del cine mexicano, particularmente en las de Estados Unidos y Latinoamérica. Luego de las primeras proyecciones de la película, los exhibidores solían guardar los carteles comprados para usarlos en lo futuro o simplemente se deshacían de ellos, lo que sucedió muy a menudo. Los carteles rentados debían ser devueltos junto con la película al distribuidor, quien los enviaba al siguiente cine, mientras la película pasaba gradualmente de cines de estreno a salas de segunda corrida. Eventualmente, los mejor conservados eran guardados (normalmente en bodegas) para la distribución de la película en el extranjero o para una posible nueva exhibición. Los carteles rotos o dañados podían ser reparados (a veces pegándolos a un soporte de papel manila) o, simplemente, desechados. En algunos casos, los distribuidores regresaban los carteles a los productores, quienes eran sus propietarios legales. Algunos productores solían conservar una parte de los carteles para utilizarlos en una nueva exhibición; pero, en general, después de completar la publicidad inicial de una película quedaban pocos ejemplares.

Aunque hay casos aislados de aficionados al cine mexicano que decoraban sus casas con carteles y artículos coleccionables de películas, la más amplia difusión en la apreciación, la colección y preservación de carteles como expresiones de arte popular en México—como ocurre con los carteles de Hollywood en Estados Unidos—es un fenómeno relativamente reciente, que data de los años sesenta. Seguramente, el mayor impulso al arte moderno mexicano del siglo veinte había sido popularizarlo en todas sus formas, borrando la distinción entre bellas artes y arte folclórico. Hubo casos célebres de carteles publicitarios que, en su momento, fueron apreciados como importantes objetos de arte, tanto en el extranjero (los célebres carteles para cabaretes hechos por Toulouse-Lautrec) como en México (los ahora famosos grabados de José Guadalupe Posada). Sin embargo, es más acertado decir que cuando estos carteles fueron producidos, el arte publicitario de esta índole era considerado y apreciado en forma eventual y rara vez coleccionado.

Teniendo en cuenta todo lo anterior, es notable que 840 carteles de la Época de Oro sobrevivan en el Archivo Fílmico Agrasánchez. Éstos representan una buena parte (aproximadamente 55 por ciento) de todos los carteles hechos para películas filmadas en México durante los veinte años del periodo clásico. El otro gran acervo de películas y recuerdos del cine mexicano es la Cineteca Nacional. Desafortunadamente, en 1982 el fuego consumió gran parte de sus colecciones. Todavía no se sabe con exactitud qué destruyó el siniestro, pero entre las pérdidas estaban los negativos de nitrato de numerosas películas mexicanas, miles de fotografías de la Fototeca y una parte significativa de la colección de carteles.

Ante la desafortunada pérdida de tantos carteles y el riesgo para la sobrevivencia de los que quedan, la función prinicipal de este libro es la de preservar: mantener la memoria de los carteles cinematográficos, un elemento central, aunque menospreciado, del rico pasado artístico de México y de reconocer a los cartelistas, quienes

who often worked in obscurity. A second aim is to argue for the appreciation of the poster as an evocative art form and an important medium in its own right. Only when we recognize posters as popular art do we begin to discover their role in shaping national identity. Along the way we will briefly chronicle the workings of Mexican movie publicity and its relation to film production during the Golden Age, another neglected but important area of study. And of course this book is unabashedly propagandistic. By celebrating Mexican movie poster art and the artists who produced it, I also hope to rekindle an interest in Mexican cinema, surely one of the least-known and most underappreciated of all national cinemas. I would like these posters to once again perform their original function—to arouse interest in the films themselves.

In making the final selection for this book, a necessarily modest assortment of the posters in the Agrasánchez collection, we chose posters first and foremost for their artistic beauty and striking graphic design, then using the following criteria: 1) to provide examples of the work of as many poster artists as possible; 2) to illustrate the cinematic careers of key Golden Age stars; 3) to represent the various genres that evolved as Mexican cinema matured into the dominant Spanish-language cinema of the period; and 4) to give a sense of the range of classical Mexican cinema, which encompassed much more than the few well-remembered celebrities and the forty or so anointed films that constitute the classical canon today. I hope we have culled the best and most representative posters, though we naturally have regrets about those we have omitted.

FILM PUBLICITY DURING THE GOLDEN AGE

Film promotion during the first half of the Golden Age was in the hands of individual producers, who contracted with artists for newspaper ads and posters. Many producers enlisted the services of Vargas Publicidad, owned and operated by Juan Antonio Vargas Ocampo, a pioneering figure in Mexican movie publicity. He had been involved in film promotion since *Santa* (*Saint,* 1931, directed by Antonio Moreno), which marked the beginning of sound cinema in Mexico. In the 1930s, Vargas Publicidad was responsible for the lion's share of movie publicity, attracting talented young artists such as José and Leopoldo Mendoza, Heriberto Andrade, Roberto Ruiz, Eduardo Urzáiz, and Juan Antonio and Armando Vargas Briones. During this time, Vargas Ocampo and his assistants designed numerous posters, but it is difficult to determine precise authorship. Because so many different artists worked for him, it is impossible to know which ones worked on a given piece. Moreover, the agency's newspaper movie ads were signed only "Vargas" or "Vargas Publicidad," and the majority of the posters had no signature at all.

In 1940, Vargas Ocampo joined two artist-entrepreneurs, Ángel Alcántara Pastor and Luis Cruz Manjarrez, to found the publicity branch of the filmmakers' union, the Sindicato de Trabajadores de la Industria Cinematográfica (STIC). The branch, Sección 46, comprised workers in three types of film promotion: journalists (newspaper writers and critics), publicists (who worked on advertising campaigns), and artists (who created newspaper ads, theater displays, and posters). By 1944 the union had gained enough leverage to require all artists who worked on movie posters (with very few exceptions, such as caricaturist Ernesto García Cabral) to belong to Sección 46.

trabajaron muchas veces en el anonimato. El segundo objetivo es abogar por una mejor apreciación del cartel como forma de arte evocador y un medio importante en sí mismo. Sólo cuando apreciemos el cartel como una forma de arte popular comenzaremos a descubrir su participación en la formación de la identidad nacional. A lo largo de este texto, dibujamos una crónica breve de los trabajos de publicidad cinematográfica mexicana y su relación con la producción de filmes durante la Época de Oro, otra importante aunque no reconocida área de estudio. Y, por supuesto, este libro es francamente propagandístico. Honrando el arte del cartel del cine mexicano y a los dibujantes que lo practicaron, esperamos también despertar el interés en el cine mexicano, seguramente una de las menos conocidas y más desatendidas de todas las cinematografías. Ojalá que estos carteles consigan una vez más, como era su intención original, despertar el interés por las películas en sí.

Al hacer la selección final hemos elegido carteles primeramente por su belleza artística y su impactante diseño gráfico y luego, según los siguientes criterios: 1) proporcionar ejemplos de trabajo de tantos cartelistas como fuera posible; 2) ilustrar la carrera cinematográfica de las estrellas clave de la Época de Oro; 3) representar los diversos géneros que desarrolló el cine mexicano mientras maduraba hasta convertirse en el cine en español que dominó en el periodo; y 4) dar una idea del alcance del cine mexicano clásico, que abarcó mucho más que unas pocas celebridades bien recordadas y unas cuarenta películas consagradas que constituyen hoy el canon clásico. Esperamos haber elegido los mejores y más representativos carteles, aunque lamentamos el hecho de no poder incluir todos aquéllos que hubiéramos deseado.

PUBLICIDAD CINEMATOGRÁFICA DURANTE LA ÉPOCA DE ORO

La promoción de las películas durante la primera mitad de la Época de Oro estuvo en manos de productores individuales que contrataban a quienes diseñaban las carteleras de los periódicos y los carteles. Muchos productores utilizaron los servicios de Vargas Publicidad, propiedad de Juan Antonio Vargas Ocampo, quien dirigió la firma y fue pionero en la publicidad del cine mexicano. Él se involucró en la promoción de películas desde *Santa* (1931, de Antonio Moreno), en los inicios del cine sonoro en México. En los años treinta, Vargas Publicidad se hizo cargo de la mayor parte de la publicidad cinematográfica. También atrajo a varios dibujantes talentosos, entre ellos José y Leopoldo Mendoza, Heriberto Andrade, Roberto Ruiz, Eduardo Urzáiz y Juan Antonio y Armando Vargas Briones. Durante esa época, Vargas Ocampo y sus asistentes diseñaron numerosos carteles pero es muy difícil determinar claramente la autoría de cada uno. Fueron muchos los ilustradores que trabajaron para él, por lo que es imposible saber quién trabajó en cuál diseño. Además, los anuncios periodísticos diseñados por la agencia contenían por sola firma "Vargas" o "Vargas Publicidad" y la mayoría de los carteles no tenían firma alguna.

En 1940, Vargas Ocampo se asoció con dos dibujantes empresarios, Ángel Alcántara Pastor y Luis Cruz Manjarrez, para fundar la Sección 46 del Sindicato de Trabajadores de la Industria Cinematográfica (STIC), dedicada a la publicidad. La sección estaba compuesta por tres tipos de trabajadores de la promoción de películas: periodistas (reporteros y críticos), publicistas (quienes realizaban las campañas publicitarias), y dibujantes (responsables del diseño de los anuncios en periódicos, de los fotomontajes para salas de cine y de carteles). Hacia 1944, el Sindicato había ganado suficiente fuerza como para exigir a todos los que hacían carteles para películas (con muy pocas excepciones, como la del caricaturista Ernesto García Cabral) que se afiliaran a la Sección 46.

The majority of film posters made after 1944 were produced by one advertising agency, Ars-Una. Owned and operated by movie producer Salvador Elizondo, it was managed by Luis Manjarrez, a former senator from the state of Puebla. A few smaller publicity agencies were also active, such as Publicidad Palafox, owned by publicist José Luis Palafox, and Publicidad Cuauhtémoc, S.A., backed by a national chain of movie theaters. Publicidad Cuauhtémoc, however, was dedicated exclusively to making Mexican posters for foreign films.

POSTER PRODUCTION

No written records about the making of the posters survive, but we can get a glimpse of the process through oral testimony. According to poster artist Leopoldo Mendoza, who apprenticed at Vargas Publicidad at age eleven and went on to have a long career as a poster artist, the process began when a producer, through Ars-Una, contracted an artist for a rough sketch of a poster. Sometimes it was based on the film's story; other times production stills were made available to illustrate key scenes. In a few instances, the artists would visit the set to get an idea of the production. The producers then reviewed the sketch, and if it was approved, the artist was contracted for the final poster. If not, the process would begin again, with the same artist or a new one. From start to finish, the creation of a poster took about a week. According to one artist, in the 1940s a good salary was 20 pesos per day (about U.S. $2.50).

A BRIEF HISTORY OF MEXICAN FILM, 1936–1956
1936: THE GOLDEN AGE BEGINS

The Golden Age dawned with the release of Fernando de Fuentes's *Allá en el Rancho Grande* (*Over at the Big Ranch,* 1936). The film produced the national cinema's first superstar, singer Tito Guízar, and its nostalgic look at an idyllic prerevolutionary past became a theme that dominated Mexican films for decades. Along with *¡Vámonos con Pancho Villa! (Let's Go with Pancho Villa)*—which, though made before *Allá en el Rancho Grande,* was released afterwards—it established the modern Mexican mode of film production, including state involvement through guaranteed funding, a burgeoning star system, and a developing distribution and exhibition network. Finally, the profits from this first Spanish-language blockbuster gave Mexican cinema something it hadn't had since the documentary era: financial stability. With all of this in place, Mexican cinema became a streamlined, well-organized industry. Its film production would jump from 25 in 1936 to 38 in the following year (more than half the movies adhering to the *comedia ranchera* [rural comedy] formula of *Allá en el Rancho Grande.*) As an industry, Mexican cinema was established and financially stable; as an art form, filmmaking was entering an unprecedented classical era.

The boom was driven by a talented group of creative filmmakers. Although the directors and the actors received the most attention and public recognition, the films also required the collaboration of numerous others—producers, writers (such as José Revueltas), cinematographers (like Gabriel Figueroa and Alex Phillips), composers (like Agustín Lara and Manuel Esperón), set designers, art directors, and technicians. But film publicity relied on a handful of name directors and superstars.

La mayor parte de los carteles hechos después de 1944 fueron producidos por una sola agencia de publicidad, Ars-Una, propiedad del productor cinematográfico Salvador Elizondo y manejada por Luis Manjarrez, ex-senador por el Estado de Puebla. También estaban activas otras pequeñas firmas publicitarias: Publicidad Palafox, propiedad del publicista José Luis Palafox, y Publicidad Cuauhtémoc, S.A., respaldada por una cadena nacional de salas de cine. Sin embargo, ésta última se limitó a producir las versiones mexicanas de carteles de películas extranjeras.

PRODUCCIÓN DE CARTELES

No existe ningún tipo de registro de cómo fueron producidos los carteles, pero podemos darnos una idea de ello a través de testimonio oral. Según el diseñador Leopoldo Mendoza, quien entró como aprendiz en Vargas Publicidad a la edad de once años para después seguir una larga carrera como cartelista, el proceso iniciaba cuando un productor, a través de Ars-Una, contrataba al dibujante para que hiciera un boceto de cartel. A veces se basaban en el argumento de la película; en otras, se les proporcionaban fotografías promocionales *(stills)* para ilustrar las escenas clave. En pocas ocasiones los cartelistas visitaban el set para tener una idea de la producción. El productor revisaba luego el boceto y, si lo aprobaba, el diseñador era contratado para hacer la versión final del cartel. Si no, el proceso se repetía, con el mismo o con un nuevo cartelista. La creación de un cartel requería cerca de una semana de trabajo. De acuerdo con un ilustrador, en los años cuarenta veinte pesos diarios eran un buen salario.

BREVE HISTORIA DEL CINE MEXICANO, 1936–1956
1936: PRINCIPIO DE LA ÉPOCA DE ORO

El estreno de la película *Allá en el Rancho Grande* (1936), del director Fernando de Fuentes, marcó el inicio de la llamada Época de Oro. La cinta lanzó a la primera super estrella del cine sonoro mexicano, el cantante Tito Guízar, y su mirada nostálgica hacia un pasado idílico previo a la Revolución fue un tema dominante en la producción fílmica mexicana durante décadas. Junto con *¡Vámonos con Pancho Villa!* (1935), realizada por el mismo director, estableció la moderna forma de producción mexicana, que incluía al Estado como garante del financiamiento. Además, se asentó un incipiente *star system* mexicano y una creciente red de distribución y exhibición de filmes mexicanos. Por último, *Allá en el Rancho Grande* fue la película en español más taquillera hasta entonces. Sus ganancias dieron al cine mexicano la estabilidad financiera que no tenía desde la época de los documentales del cine mudo. Una vez que todo esto se logró, la industria cinematográfica mexicana se volvió eficiente y organizada. La producción de cintas aumentó de 25 en 1936 a 38 en el año siguiente (más de la mitad de ellas fueron comedias rancheras que siguieron la fórmula de *Allá en el Rancho Grande*). El cine mexicano se consolidó como industria y alcanzó la estabilidad financiera; como una forma de arte, la producción de películas se asomaba a una época clásica sin precedentes.

El "boom" fue obra de un grupo de cineastas talentosos y creativos. Aparte de los directores y estrellas que acaparaban la atención y el reconocimiento del público, colaboraron también muchos otros elementos: productores, escritores (como José Revueltas), fotógrafos (como Gabriel Figueroa y Alex Phillips), compositores (como Agustín Lara y Manuel Esperón), escenógrafos, directores artísticos y técnicos. Pero la publicidad dependía de un puñado de nombres de directores y estrellas.

A classic family melodrama, *Cuando los hijos se van* (*When the Children Leave,* 1941, Juan Bustillo Oro), would forever establish Sara García and Fernando Soler as Mexico's cinematic mother and father. Cantinflas became one of Latin America's leading comics with a string of hits, beginning with *Así es mi tierra* (*That's How My Homeland Is,* 1937, Arcady Boytler), *Águila o sol* (*Heads or Tails,* 1937, Boytler), and *El signo de la muerte* (*The Sign of Death,* 1939, Chano Urueta), all three costarring comedian Manuel Medel. These he followed with the very successful *Ahí está el detalle* (*There's the Detail,* 1940, Bustillo Oro), in which he starred with Joaquín Pardavé.

Jorge Negrete, a virile singing *charro,* followed in the footsteps of Guízar and defined machismo for a generation with films like *La madrina del diablo* (*The Devil's Godmother,* 1937, Ramón Peón), *¡Ay Jalisco...no te rajes!* (*Oh, Jalisco...Don't Back Down!,* 1941, Joselito Rodríguez), and the remake of *Allá en el Rancho Grande* (1948, again by Fernando de Fuentes). Around the same time Negrete achieved superstardom in the 1940s, several female stars were also coming into their own. Dolores del Río returned to Mexico from Hollywood and was a smash hit in Emilio Fernández's *María Candelaria* (1943). After a series of collaborations with Fernández, such as *Bugambilia* (*Bougainvillea,* 1944) and *Las abandonadas* (*The Abandoned Ones,* 1944), she became one of Mexico's most enduring stars. And by the time María Félix starred in Fernández's *Enamorada* (*A Woman in Love,* 1946) and *Río Escondido* (1947), she was on her way to becoming the most popular actress in Mexican cinema history. Ismael Rodríguez's urban trilogy—*Nosotros los pobres* (*We the Poor,* 1947), *Ustedes los ricos* (*You the Rich,* 1948), and *Pepe el Toro* (*Pepe "the Bull,"* 1952)—vaulted to stardom Pedro Infante, who became a challenger to Negrete for the title of machismo king.

Besides these celebrities, there were a host of other talented actors and actresses who graced the screens of Mexico and the Spanish-speaking world from Madrid to San Juan, from Bogotá to Los Angeles. Marga López, Pedro Armendáriz, Libertad Lamarque, David Silva, Sarita Montiel, Arturo de Córdova, Miroslava, the multitalented Agustín Lara, Ninón Sevilla, María Antonieta Pons, Tito Junco, Lilia Prado, Luis Aguilar, Columba Domínguez, Rosa Carmina, Lilia del Valle, and the comics Clavillazo, Tin-Tán, Resortes, Manolín, and Schillinsky are just some of the stars who flourished during the Golden Age.

1940s: THE RISE TO PROMINENCE

In the 1940s, the growth of Mexico's national cinema increased dramatically, spurred by U.S. efforts to insure hemispheric solidarity against Axis countries during World War II. Mexico was courted as a valuable ally in the region that could supply badly needed raw materials to the Allies. The country also served as a major market for American—and Hollywood—products, and as a disseminator of Allied propaganda. This alliance proved to be an extremely profitable one for Mexico's film industry, paving the way for its dominance of the Latin American market.

In the production of Spanish-language films, Mexico had fallen behind Argentina by the beginning of the 1940s, but U.S. trade policy during World War II would soon reverse that. The U.S. provided raw film stock to Mexico and restricted it to Argentina (which remained neutral during the war), with the result that Argentina's film production fell from 47 films in 1941 to 23 in 1945, while Mexico's

El ejemplo del melodrama clásico, *Cuando los hijos se van* (1941, de Juan Bustillo Oro), forjó para siempre la figura de Sara García como la madrecita del cine mexicano y la de Fernando Soler como la del patriarca. Cantinflas se convirtió en uno de los cómicos más destacados de Latinoamérica con una sucesión de éxitos como *Así es mi tierra* y *Águila o sol* (ambas de 1937 y dirigidas por Arcady Boytler) y *El signo de la muerte* (1939, de Chano Urueta). En todas ellas alternaba con el también cómico Manuel Medel. A éstas siguió su éxito taquillero más grande: *Ahí está detalle* (1940, de Juan Bustillo Oro), la cual estelarizó junto con otro cómico, Joaquín Pardavé.

Un charro cantor muy varonil, Jorge Negrete, sustituyó a la figura pionera de Guízar y personificó el machismo de toda una generación en películas como *La madrina del diablo* (1937, de Ramón Peón), *¡Ay Jalisco…no te rajes!* (1941, de Joselito Rodríguez) y la segunda versión de *Allá en el Rancho Grande* (1948, también dirigida por Fernando de Fuentes). Al mismo tiempo que Negrete alcanzaba la fama en los cuarenta, algunas figuras femeninas comenzaban a destacar. Dolores del Río regresaba de Hollywood a México y alcanzaba el éxito con *María Candelaria* (1943, dirigida por Emilio Fernández). Después de otros filmes con Fernández, como *Bugambilia* y *Las abandonadas* (ambas de 1944), se transformó en una de las estrellas fílmicas más importantes de México. Lo mismo sucedería con María Félix, que fue dirigida por el "Indio" Fernández en *Enamorada* (1946) y *Río Escondido* (1947) y que para entonces se perfilaba ya como la actriz más popular de la historia del cine mexicano. Con la trilogía de barriada de Ismael Rodríguez—*Nosotros los pobres* (1947), *Ustedes los ricos* (1948) y *Pepe el Toro* (1952)—surgió a la fama el cantante Pedro Infante, digno contendiente del viril Jorge Negrete.

Además de estas luminarias, se perfilaba toda una serie de talentosos actores y actrices, que adornaron las pantallas de México y otros países de habla hispana; de Madrid a San Juan y desde Bogotá hasta Los Ángeles. Marga López, Pedro Armendáriz, Libertad Lamarque, David Silva, Sarita Montiel, Arturo de Córdova, Miroslava, Agustín Lara, Ninón Sevilla, María Antonieta Pons, Tito Junco, Lilia Prado, Luis Aguilar, Columba Domínguez, Rosa Carmina, Lilia del Valle y los cómicos Clavillazo, Tin-Tán, Resortes, Manolín y Schillinsky son solamente algunas de las estrellas que brillaron durante la Época de Oro.

LOS CUARENTA: EL ASCENSO A LAS ALTURAS

Durante los años cuarenta, el crecimiento de la industria fílmica mexicana aumentó en forma notable, estimulado por el impulso estadounidense que requería la solidaridad hemisférica contra las potencias del Eje en la Segunda Guerra Mundial. México fue tratado como un valioso aliado en la región que podía abastecer materias primas indispensables para los Aliados. También servía como mercado para los productos norteamericanos— incluso los de Hollywood—y como portavoz de la propaganda Aliada. Esta alianza fue ventajosa para la industria del cine mexicano, que se lanzó a la conquista del mercado latinoamericano.

A principios de la década, México iba rezagado respecto de Argentina en la producción de películas en español. Pero esto cambiaría con la política commercial de los Estados Unidos durante la guerra. Los Estados Unidos proveían de película virgen a México y la restringían a la Argentina (que permaneció neutral durante el conflicto armado), con el resultado que el número de películas argentinas cayó de 47 en 1941 a 23 en 1945, mientras que el de México se elevó de 37 a 82 en el mismo periodo. Así México, habiendo capturado la cuota del mercado de su principal competidor, pudo volverse el principal exportador de películas en español a Centro y Sudamérica.

climbed from 37 to 82 during the same period. Having captured its chief competitor's share of the Spanish-language market, Mexico emerged as the predominant exporter of Spanish-language films for Central and South America.

Another factor that contributed to the growth of the Mexican film industry during the 1940s was the state's increasing protectionism. In 1942, the Banco Cinematográfico, a private film bank operating with state participation, was founded to aid in financing film production. A large state-run production and distribution company was also created to pool government capital with investments by the major independent film producers. This financial support system proved to be extremely profitable for producers, who found they could have a better-than-even hope of turning a profit at minimal risk. After the war, the film bank was nationalized and became the Banco Nacional Cinematográfico, jointly funded by state and private monies. It backed the creation of three distribution companies, which coordinated the distribution of Mexican films at home and abroad. To top it off, in 1946 a law exempted the movie industry from income taxes.

By the early forties, thanks to this beneficial financial climate, Mexican cinema enjoyed a dominance in Latin American film markets second only to Hollywood's. To the rest of the hemisphere, Mexico was the Spanish-language Hollywood, setting a cultural and ideological agenda for Latin America, just as the U.S. was setting one for the rest of the world. To the U.S., Mexico was a profitable market and a model of capitalist growth in Latin America. To Hollywood, Mexico was a steady consumer of motion pictures, film equipment, and technology as well as an attractive business partner. The U.S. government's newly created Office of the Coordinator for Inter-American Affairs assisted the Mexican film industry by providing monies for film production and equipment maintenance and by making Hollywood professionals available to serve as advisors to the Mexican studios. For example, in 1943 RKO Studios entered into a relationship with Mexican filmmaking concerns to create Estudios Churubusco, the most modern film production facilities in Latin America and home to some of the world's largest soundstages even today.

Though Hollywood films continued to dominate Latin American cinema markets during World War II, U.S. market dominance lessened somewhat in Mexico. As a result these were the years of greatest growth for the domestic film industry. Shipments of U.S. films to Latin America were erratic in wartime, allowing Mexican films to fill in any exhibition gaps in theaters at home or in other Latin American markets, intensifying exposure and demand.

Once the war was over, U.S. support dwindled and Hollywood's dominance in Mexican markets resumed with a vengeance. The U.S. curbed Mexican film production by reducing its supply of raw film stock, providing in 1945 only one-third the annual amount it had supplied during the war years. Hollywood then resumed full-scale distribution to Mexico and easily regained its prewar market share—and then some. By the end of the decade, 2,878 U.S. films had opened in Mexico, 399 more than in the previous decade. Columbia Pictures distributed Cantinflas's comedies, siphoning off most of those films' enormous profits. *El Cine de Oro* was in an irrevocable slide.

Otro factor que contribuyó al crecimiento de la industria fílmica en México fue la política crecientemente proteccionista adoptada por el Gobierno en los años cuarenta. En 1942 se estableció el Banco Cinematográfico, institución privada que operaba con la participación del Estado para facilitar el financiamiento de la producción de películas. También se creó una compañía de producción y distribución manejada por el Estado, en conexión con los más importantes productores de películas. Este sistema de apoyo financiero demostró ser muy lucrativo para los productores, que por un riesgo mínimo esperaban obtener mejores ganancias. Después de la guerra, el Banco Cinematográfico fue nacionalizado y se convirtió en el Banco Nacional Cinematográfico, con capital y operación privada y del gobierno. Tres compañías distribuidoras surgieron con el apoyo del banco, que coordinaban la distribución de películas mexicanas dentro y fuera del país. Para completar el cuadro, una ley exentó a la industria fílmica de pagar impuestos en 1946.

Gracias a este clima favorable de principios de los cuarenta, el cine mexicano logró tal dominio de los mercados latinoamericanos que se convirtió en el segundo productor, después de Hollywood. Entre los países del hemisferio, México era considerado el Hollywood de habla hispana, marcando la pauta cultural e ideológica para Latinoamérica, así como los Estados Unidos lo hacía en el resto del mundo. México fue un mercado rentable y un modelo de expansión capitalista en América Latina. Para Hollywood, el vecino del sur representaba un buen mercado para sus productos cinematográficos, equipo fílmico y tecnología, así como un socio muy conveniente. La Oficina del Coordinador para Asuntos Interamericanos del Gobierno de los Estados Unidos, recientemente creada, apoyó a los cineastas de México en diversas formas. Por un lado, financió la producción de películas y dio apoyo para el mantenimiento de equipo fílmico; por otra parte, envió profesionales de Hollywood para asesorar a los estudios cinematográficos mexicanos. En 1943, por ejemplo, la compañía RKO (Radio-Keith-Orpheum) inició relaciones con inversionistas mexicanos para la creación de los Estudios Churubusco, las instalaciones cinematográficas más modernas de América Latina, sede de algunos de los foros más grandes del mundo aún hoy día.

Aunque las cintas de Estados Unidos seguían dominando el mercado latinoamericano durante la Segunda Guerra Mundial, el predominio de Hollywood en las pantallas mexicanas disminuyó un poco durante este periodo, lo cual contribuyó a un mayor crecimiento de la industria fílmica de México. El envío de películas hollywoodenses a países de Latinoamérica era errático, lo que permitía a México llenar este vacío estratégico en la exhibición doméstica o latinoamericana, intensificando la apreciación y la demanda para las películas mexicanas.

Cuando terminó la guerra, la ayuda estadounidense fue desapareciendo y el dominio de Hollywood se restableció de manera agresiva: al reducir los envíos de película virgen a México, los Estados Unidos limitaba la producción de cine en el país. En 1945, por ejemplo, solamente se envió una tercera parte de la cuota anual que se había mantenido durante los años de la guerra. Con esto, la distribución del producto hollywoodense en México avanzaba viento en popa, recobrando con facilidad y hasta superando su mercado de la pre-guerra. Para fines de la década, se habían exhibido en México 2,878 películas estadounidenses, 399 más que en la década de los treinta. La compañía Columbia Pictures distribuía las comedias de Cantinflas y recibía por ello la mayor parte de las ganancias. La Época de Oro se deslizaba irremediablemente hacia su fin.

THE END OF A GOLDEN ERA

From the mid-1930s to the mid-1940s, shortsighted business, industrial, and creative practices insured the eventual downfall of the classical Mexican cinema. Had Mexico's film industry been organized to reinvest profits and keep its facilities modern and efficient, and had there been a mechanism to integrate new talent regularly and systematically, the downfall of *el Cine de Oro* may have been forestalled or even avoided altogether. But an elite band of private-sector film entrepreneurs had developed a self-interested "closed-door policy" favoring the biggest film companies and the most powerful and influential producers—themselves. Independent or new producers who wanted to break into the industry found it difficult to secure credit from the film bank and had to make their own deals—often with little or no leverage—with distributors and exhibitors. This sort of business vulnerability made it nearly impossible for them to challenge the hegemony of the major production houses. The film bank's investment program, ostensibly created to develop, support, and sustain Mexico's national cinema, actually served to make a core of established producers, distributors, and exhibitors rich.

The filmmaking aristocracy consolidated its power in other ways that would have serious ramifications later on. In 1944 the creative elite at the filmmakers' union, STIC, began lobbying for their own arm of the union. This resulted in the artistic workers—writers, directors, actors, cinematographers—splitting off from the STIC and forming the Sindicato de Trabajadores de la Producción Cinematográfica (STPC), which became the dominant union.

The restructuring of the artists' union had the effect of shutting out creative competition. After 1945, only a handful of new directors would be allowed to join the STPC. Thus the filmmaking establishment locked out competition and insured control of the industry. But closing its doors to new, younger filmmaking talent for more than twenty years also guaranteed that Mexican cinema would become stultified. The tired, formulaic, second-rate films that showed up in the late fifties and that typified the sixties were an inevitable result.

To make matters worse, the major producers failed to use their profits to make capital investments in the industry. Over time this meant that Mexican cinema did not keep up with the technological and creative pace set by Hollywood and national cinemas elsewhere in the world.

By the late 1950s, the film industry began to show signs of decline. From 1954 to 1958, Mexican cinema changed profoundly, preventing it from creating the sorts of films that seemed to spring up by themselves during the Golden Age. Although some important films would continue to be made—Roberto Gavaldón's *Macario,* for example, in 1959; the indefatigable Luis Buñuel's *Nazarín* in 1958 and *Simón del desierto (Simon of the Desert)* in 1964—the Golden Age was essentially over by the mid-fifties. The directors were getting older. Having propelled the industry with their creative energy in the '30s and '40s, they made mostly uninspired films in the 1950s. Because of the structure of the industry and the unions, few new talented directors were allowed to take their place. The stars, too, were aging—and dying. Jorge Negrete died of acute liver problems in 1953, and Pedro Infante was killed in a plane accident in 1957.

FIN DE LA ÉPOCA DE ORO

Desde mediados de los treinta hasta mediados de los cuarenta, la miopía de las empresas dedicados a esta industria y su falta de creatividad propiciaron su caída final. Si la organización de la industria cinematográfica hubiera permitido reinvertir las ganancias para mantener en buen nivel su infraestructura y hubiera contado con un mecanismo para integrar nuevos talentos con regularidad y sistemáticamente, la caída del Cine de Oro pudo haber sido prevenida o evitada. Pero una élite de comercializadores de películas comenzó a practicar una especie de política de puerta cerrada que favorecía a las compañías más grandes y a los productores de mayor peso e influencia, que eran ellos mismos. Los productores independientes o los nuevos que deseaban entrar a la producción de películas estaban en desventaja. Les resultaba muy difícil obtener créditos del Banco Nacional Cinematográfico y tenían que arreglárselas directamente con los distribuidores y exhibidores, con quienes tenían poca o ninguna influencia. Esta vulnerabilidad en los negocios les hacía imposible enfrentar la hegemonía de las grandes compañías. El programa del Banco Nacional Cinematográfico, creado para apoyar y sostener el desarrollo de la industria fílmica de México, sirvió principalmente para crear y enriquecer a una élite de productores, distribuidores y exhibidores.

Las aristocracia cinematográfica afianzó su poder en otras áreas, lo que tendría graves consecuencias. En 1944, la élite creativa del Sindicato de Trabajadores de la Industria Cinematográfica (STIC) comenzó a gestionar la creación de un nuevo organismo laboral propio. Ello desembocó en la separación de los trabajadores artísticos (escritores, directores, actores, fotógrafos) del STIC, para formar el Sindicato de Trabajadores de la Producción Cinematográfica (STPC), que se convirtió en la organización laboral dominante.

La reestructuración del sindicato de los artistas tuvo el efecto negativo de cerrar las puertas a nuevos talentos. Después de 1945, sólo un puñado de directores noveles pudo entrar al STPC. De esta forma, los cineastas establecidos dejaron fuera a la competencia y aseguraron el control de la industria. Sin embargo, el bloquear a cineastas jóvenes durante más de veinte años daría lugar a un cine nacional decrépito, anquilosado. Las tediosas y poco creativas películas de segunda que aparecieron a fines de los cincuenta y llenaron la década de los sesenta fueron el resultado inevitable.

Todo se agravó por la tendencia de los productores a no reinvertir sus ganancias en la industria. Así, el cine mexicano no pudo avanzar al parejo de la tecnología y la creatividad de Hollywood y otras cinematografías del mundo.

Hacia fines de los cincuenta, la industria fílmica mexicana comenzó a mostrar señales de decadencia. De 1954 a 1958 cambió radicalmente, quedando impedida para crear el tipo de películas que parecían hacerse solas durante la Época de Oro. Aunque se hicieran todavía algunas películas importantes (*Macario,* 1959, de Roberto Gavaldón; *Nazarín,* 1958 y *Simón del desierto,* 1964, de Luis Buñuel, por ejemplo), ya para mediados de los cincuenta, la Época de Oro se había terminado. Los directores habían envejecido; luego de haber impulsado la industria con su energía creativa en los años treinta y cuarenta, hicieron—en forma predominate—películas poco inspiradas en la década de los cincuenta. Debido a la estructura rígida de la industria y de los sindicatos, fueron muy pocos los talentos nuevos que se incorporaron. Las estrellas de la pantalla también envejecían o morían trágicamente. Jorge Negrete falleció a causa de problemas hepáticos en 1953 y Pedro Infante fue víctima de un accidente aéreo en 1957.

Costs were going up, due in part to the devaluation of the peso in 1954, and movies now had to compete with television for audiences. These foreboding economic realities drove three major studios to close down in 1957 and 1958.

Finally, as if to mark the passing of an era, the annual cinema awards sponsored by the Academia Mexicana de Ciencias y Artes Cinematográficas, called the "Arieles," were discontinued after 1958. The film that won the most Arieles in that last year was Ismael Rodríguez's *Tizoc,* a last-gasp attempt to recapture the spirit of the Golden Age. Completed in 1956, the film starred María Félix and Pedro Infante (in his last role). A pale shadow of the best work by Félix, Infante, and Rodríguez, *Tizoc* signals the end of Mexico's *Cine de Oro,* one of the most productive and most creative periods in international film history.

The posters you are about to see are commercial and aesthetic delights, both densely layered publicity and richly textured works of art. Whether you appreciate them on their own or are inspired to seek out and experience the films they tout, it is our hope that the images' seductive magic will have a second life on these pages.

CHARLES RAMÍREZ BERG
Distinguished Teaching Professor, University of Texas at Austin

BIBLIOGRAPHY

del Costello, Mark, "Big Boom in Movie Posters," *American Film,* July–August 1979.

Edwards, Gregory J., *The International Film Poster* (Salem, New Hampshire: Salem House, 1985).

Elizondo, Salvador, "El cine mexicano y la crisis," 1962, reprinted in *Hojas de cine,* Vol. II.

García Riera, Emilio, "Cuando el cine mexicano se hizo industria," 1972, *Hojas de cine,* Vol. II.

García Riera, Emilio, *Historia del cine mexicano* (Mexico City: Secretaría de Educación Pública, 1986).

Mora, Carl J., *Mexican Cinema: Reflections of Society, 1896–1980* (Berkeley: University of California Press, 1982).

Peréz Turrent, Tomás, and Gillian Turner, "México," 1974, *International Film Guide.*

Rangel, Ricardo, and Rafael E. Portas, eds., *Enciclopedia cinematográfica mexicana* (Mexico City: Publicaciones Cinematográficas, 1957).

Rebello, Stephen, and Richard Allen, *Reel Art: Great Posters from the Golden Age of the Silver Screen* (New York: Abbeville Press, 1988).

Romandía, Cristina Félix, and Jorge Larson Guerra, *El cartel cinematográfico mexicano* (Mexico City: Cineteca Nacional, 1987). A small sampling of the Cineteca Nacional collection—85 posters, 31 from the Golden Age—is reproduced in this volume. It gives a broad overview of poster history and spans the entirety of Mexican cinema.

Schnitman, Jorge A., *Film Industries in Latin America: Dependency and Development* (Norwood, N.J.: Ablex Publishing Co., 1984).

Tello, Jaime, "Notas sobre la política del 'viejo' cine mexicano," 1979, reprinted in *Hojas de cine: testimonios y documentos del nuevo cine latinoamericano,* Vol. II: Mexico (Mexico City: Fundación Mexicana de Cineastas, A.C., 1988).

De Usabel, Gaizka S., *The High Noon of American Films in Latin America* (Ann Arbor, Michigan: UMI Research Press, 1982).

Interviews with Marco Antonio Echeverría, Ars-Una director, Mexico City, June 25, 1991; David Carrillo, caricaturist and poster artist, Mexico City, February 15, 1992; Miguel Zacarías, producer, Mexico City, June 20, 1992; Ernesto García Cabral Jr., son of the artist, Mexico City, October 5, 1992; Jacob Mendoza, one of the charter members of Sección 46 of STIC, Mexico City, October 6, 1992; poster artist Armando Vargas Briones, son of Juan Antonio Vargas Ocampo and brother of Juan Antonio Vargas Briones, Mexico City, October 7, 1992; Leopoldo Mendoza, Mexico City, November 9, 1992.

Letter from Gordon Dunlap, Vice President in charge of distribution, Clasa-Mohme Papers, the Agrasánchez Film Archive.

Los costos de producción se elevaban, debido en parte a la devaluación del peso en 1954, y los cines tenían ya que competir con la televisión para atraer al público. Estas duras realidades provocaron que tres de los principales estudios cinematográficos cerraran en 1957 y 1958.

Finalmente, como si auguraran el fin de una era, los premios de cine patrocinados cada año por la Academia Mexicana de Ciencias y Artes Cinematográficas, los "Arieles," fueron descontinuados en 1958. La película que ganó más Arieles en ese año fue *Tizoc,* de Ismael Rodríguez, que significó el último intento de recobrar el espíritu de la Época de Oro. Terminada en 1956, la cinta fue protagonizada por dos grandes, María Félix y Pedro Infante (en su última actuación). Como una pálida sombra de los mejores trabajos de la Doña, Pedro Infante y el director Ismael Rodríguez, *Tizoc* marcó el fin de la Época de Oro del cine mexicano, uno de los periodos más productivos y creativos en la historia del cine internacional.

Los carteles que aquí se reproducen son delicias comerciales y estéticas y, al mismo tiempo, publicidad calculada y elaborados trabajos artísticos. Sea que el lector aprecie los carteles por sí mismos o que se anime a buscar las películas que promueven, es nuestra intención la seducción mágica de estas imágenes viva por segunda vez en estas páginas.

CHARLES RAMÍREZ BERG
Catedrático de la Universidad de Texas en Austin

BIBLIOGRAFÍA

del Costello, Mark, "Big Boom in Movie Posters," *American Film,* julio–agosto 1979.

Edwards, Gregory J., *The International Film Poster* (Salem, Nueva Hampshire: Salem House, 1985).

Elizondo, Salvador, "El cine mexicano y la crisis," 1962, reimpreso en *Hojas de cine,* Vol. II.

García Riera, Emilio, "Cuando el cine mexicano se hizo industria," 1972, *Hojas de cine,* Vol. II.

García Riera, Emilio, *Historia del cine mexicano* (Ciudad de México: Secretaría de Educación Pública, 1986).

Mora, Carl J., *Mexican Cinema: Reflections of Society 1896–1980* (Berkeley: University of California Press, 1986).

Pérez Turrent, Tomás, y Gillian Turner, "México," 1974, *International Film Guide.*

Rangel, Ricardo, y Rafael E. Portas, eds., *Enciclopedia cinematográfica mexicana* (Ciudad de México: Publicaciones Cinematográficas, 1957).

Rebello, Stephen, y Richard Allen, *Reel Art: Great Posters from the Golden Age of Silver Screen* (Nueva York: Abbeville Press, 1988).

Romandía, Cristina Félix, y Jorge Larson Guerra, *El cartel cinematográfico mexicano* (Ciudad de México: Cineteca Nacional, 1987). Una pequeña muestra de la colección de la Cineteca Nacional—85 carteles, 31 de la Época de Oro—ha sido reproducida en este volumen; ello da una visión general de la historia del cartel y hace un recorrido a través del cine mexicano en su totalidad.

Schnitman, Jorge A., *Film Industries in Latin America: Dependency and Development* (Norwood, Nueva Jersey: Ablex Publishing Co., 1984).

Tello, Jaime, "Notas sobre la política del 'viejo' cine mexicano," 1979, reimpreso en *Hojas de cine: testimonios y documentos del nuevo cine latinoamericano,* Vol. II (Ciudad de México: Fundación Mexicana de Cineastas, A.C., 1988).

Usabel, Gaizka S. de, *The High Noon of American Films in Latin America* (Ann Arbor, Michigan: UMI Michigan Research Press, 1982).

Entrevistas con: Marco Antonio Echeverría, Director de Ars-Una, Ciudad de México, junio 25, 1991; David Carrillo, caricaturista y creador de posters, Ciudad de México, febrero 15, 1992; Miguel Zacarías, productor, Ciudad de México, junio 20, 1992; Ernesto García Cabral, Jr., hijo del artista, Ciudad de México, octubre 5, 1992; Jacob Mendoza, integrante de la Sección 46 del STIC, Ciudad de México, octubre 6, 1992; cartelista Armando Vargas Briones, hijo de Juan Antonio Vargas Ocampo y hermano de Juan Antonio Vargas Briones, Ciudad de México, octubre 7, 1992; Leopoldo Mendoza, Ciudad de México, noviembre 9, 1992.

Carta de Gordon Dunlap, Vicepresidente a Cargo de la Distribución; Archivos de Clasa-Mohme pertenecientes al Archivo Fílmico Agrasánchez.

right, top
CÓMICOS DE LA LEGUA
[STROLLING PLAYERS]
Ernesto García Cabral, 1956

right, bottom
CANTINFLAS BOXEADOR
[CANTINFLAS THE BOXER]
1940

far right
EL MARIACHI DESCONOCIDO
[THE UNKNOWN MARIACHI]
Ernesto García Cabral, 1953

following, left
EL GENIAL DETECTIVE PETER PÉREZ
[THE SMART DETECTIVE PETER PÉREZ]
Francisco Rivero Gil, 1952

following, right
DICEN QUE SOY COMUNISTA
[THEY SAY I'M A COMMUNIST]
Ernesto García Cabral, 1951

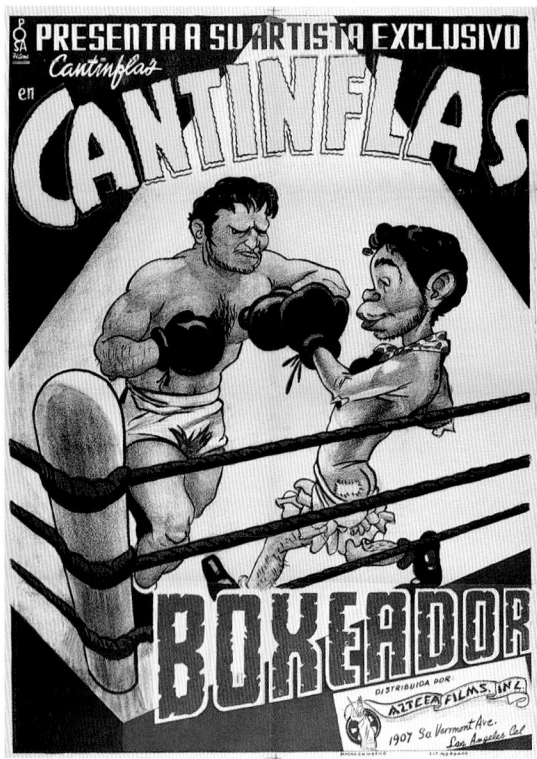

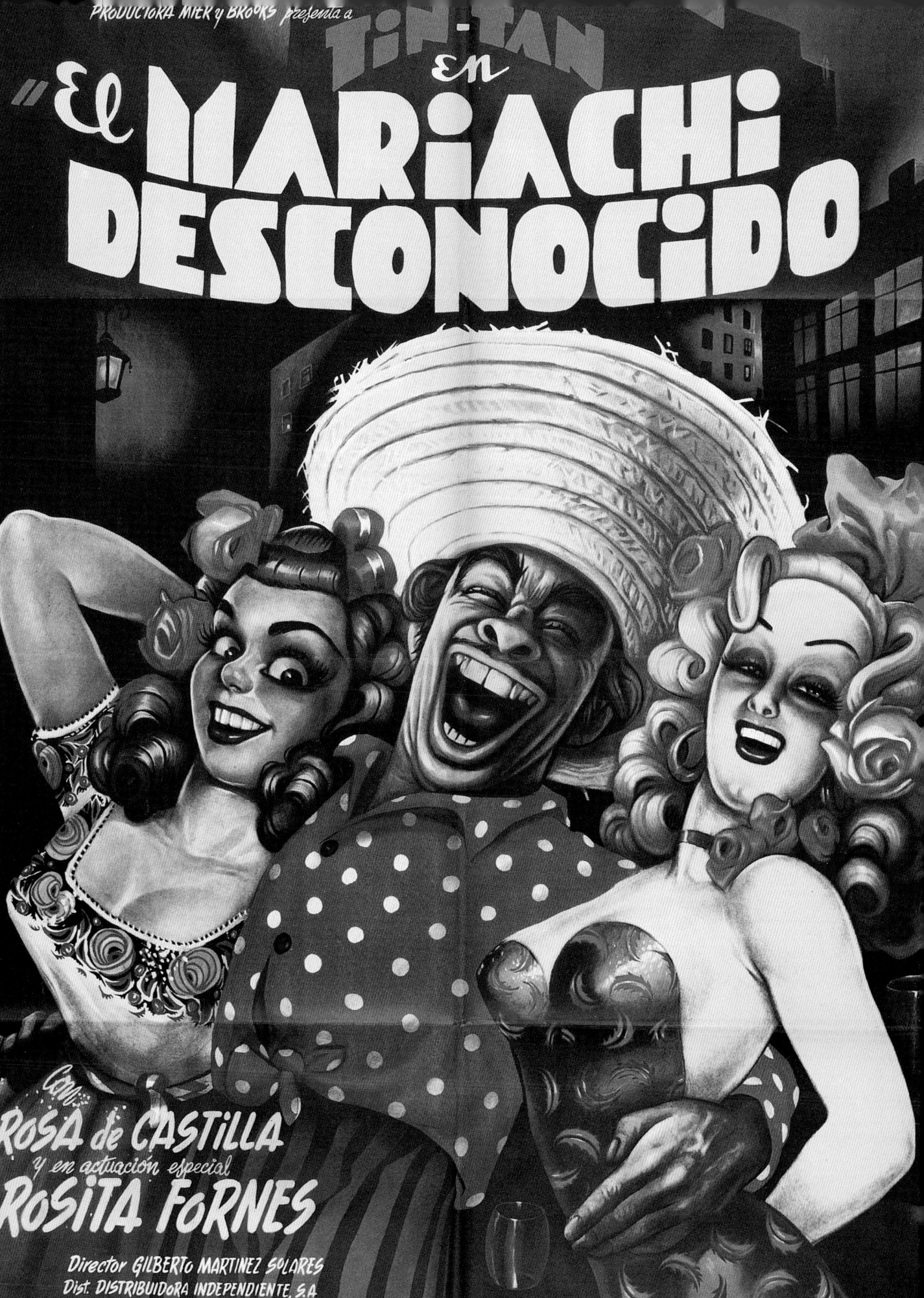

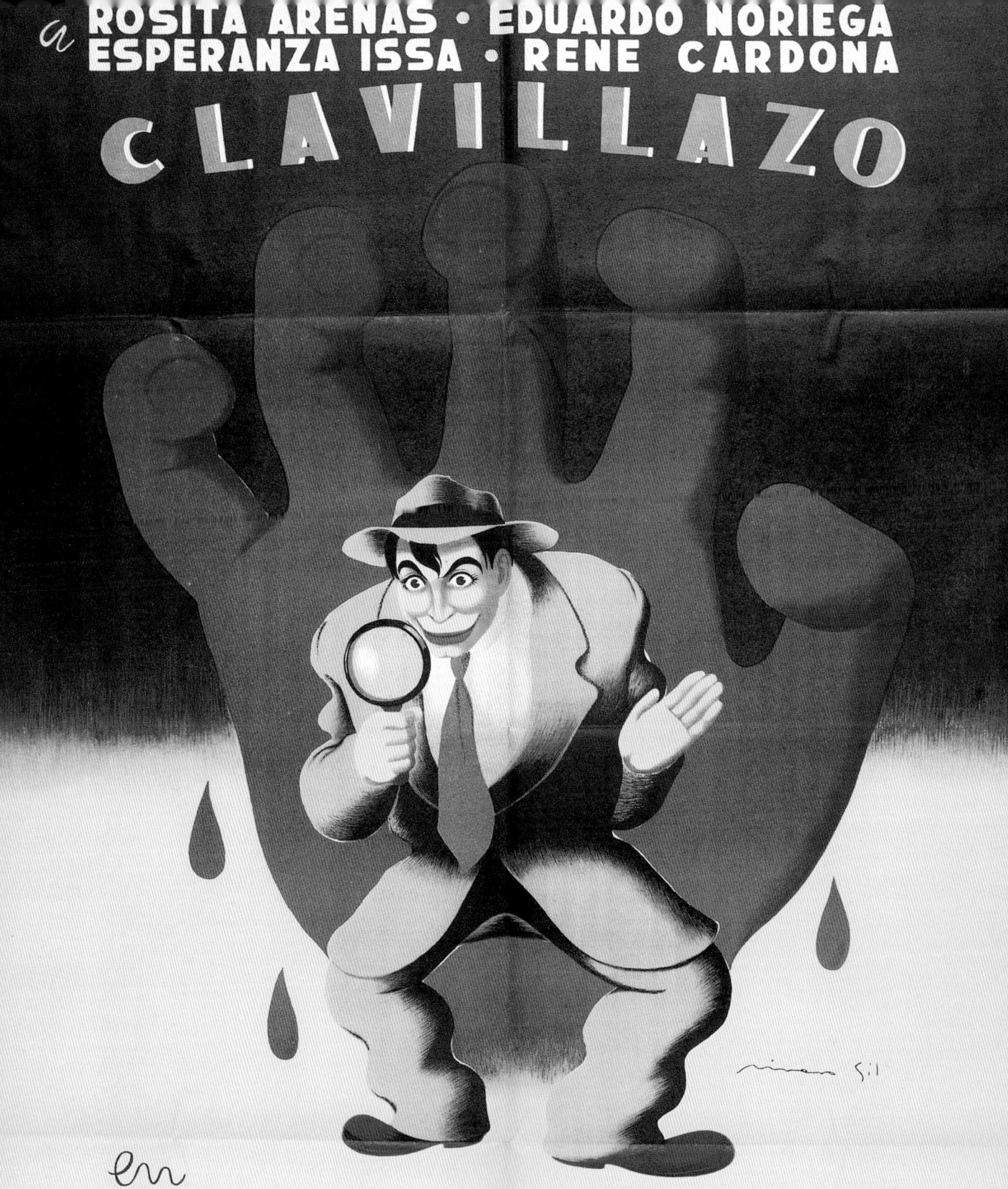

ROSITA ARENAS · EDUARDO NORIEGA
ESPERANZA ISSA · RENE CARDONA

CLAVILLAZO

en
EL GENIAL DETECTIVE
PETER PEREZ

Argumento original de Pepe Martínez de la Vega

DIRECCION DE AGUSTIN P. DELGADO

Distribuida por: DISTRIBUIDORA RODRIGUEZ HNOS. S. A.
VALLARTA Núm. 29 — MEXICO, D. F.

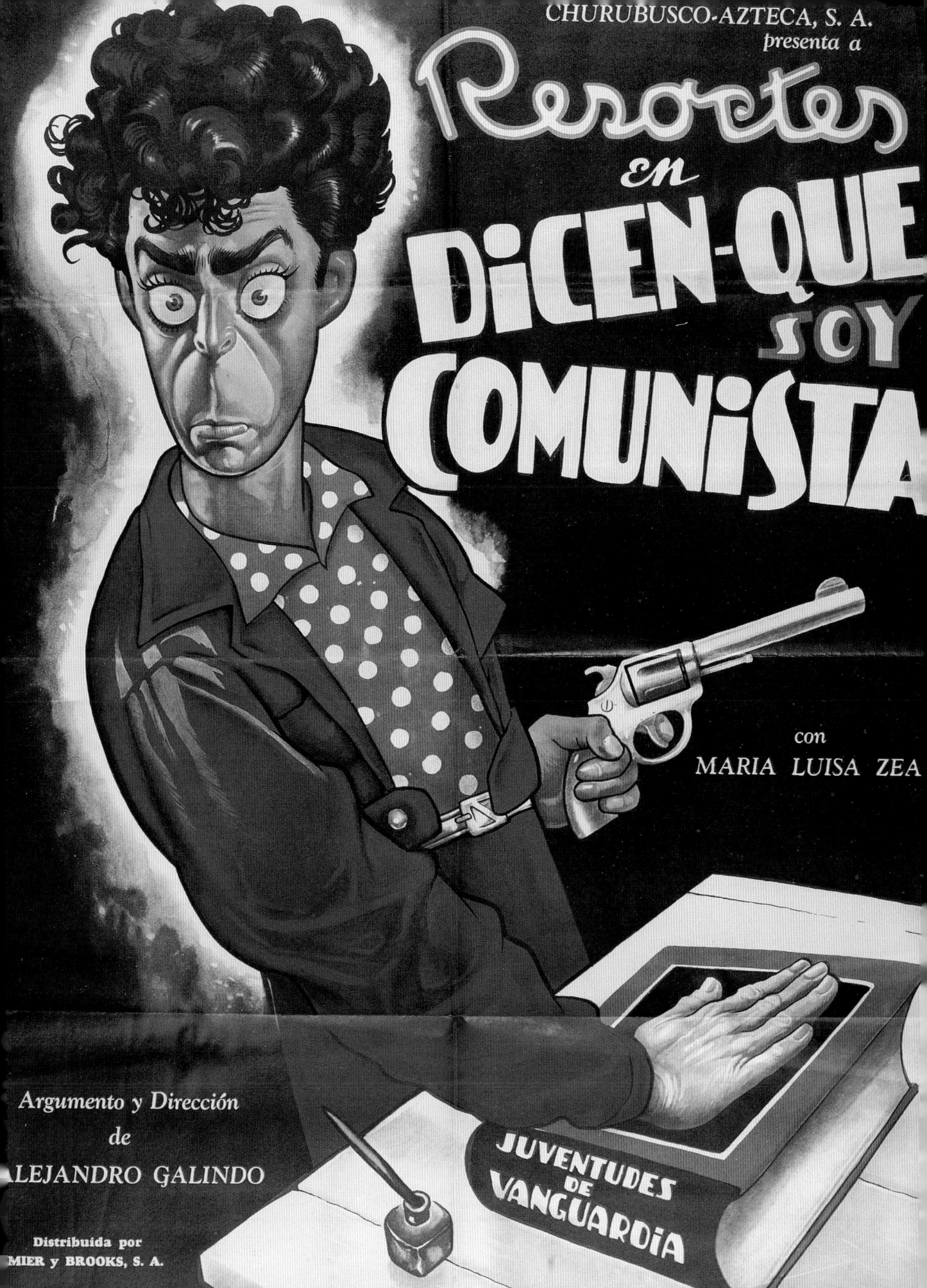

PROD. MIER Y BROOKS, S. A.
presentan a

ANA BERTHA LEPE

en

¡QUÉ LINDO

CHA CHA CHA!

con
JOSE VENEGAS
FERNANDO CASANOV
ANDRES SOLER
*

preceding, left
¡QUÉ LINDO CHA CHA CHA!
[WHAT A PRETTY CHA CHA CHA!]
Ernesto García Cabral, 1954

preceding, right
¡FÍJATE QUÉ SUAVE!
[LOOK HOW COOL!]
Josep Renau Berenguer, 1947

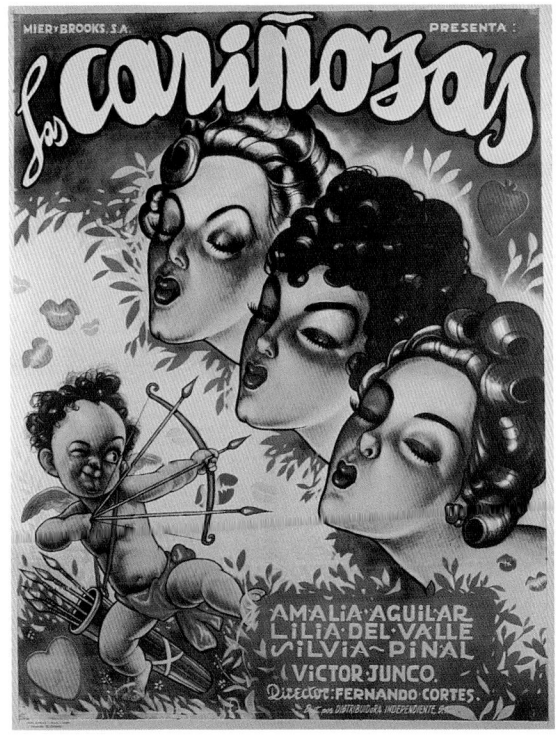

right, top
LAS CARIÑOSAS
[THE LOVING WOMEN]
Ernesto García Cabral, 1953

right, bottom
CANTINFLAS RULETERO
[CANTINFLAS THE CAB DRIVER]
1940

far right
CONFIDENCIAS DE UN RULETERO
[CONFESSIONS OF A CAB DRIVER]
Francisco Rivero Gil, 1949

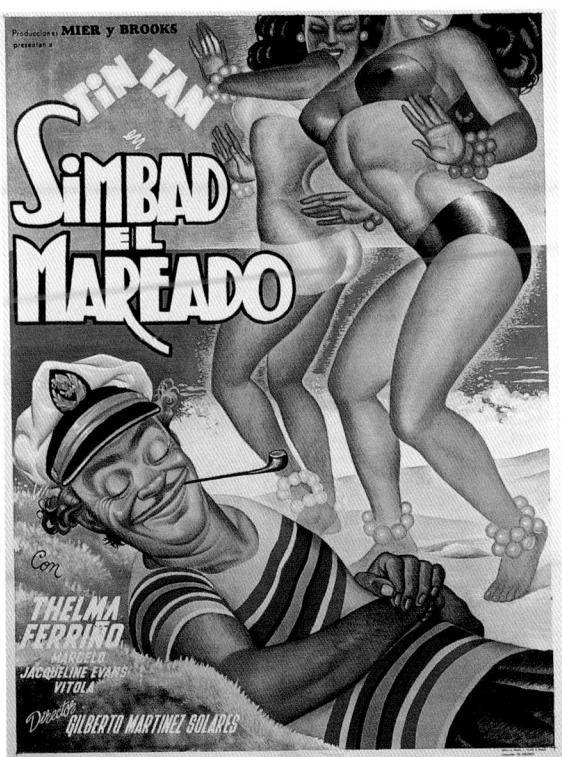

MÚSICO, POETA Y LOCO
[MUSICIAN, POET AND MADMAN]
1947

SIMBAD EL MAREADO
[SINBAD THE SEASICK SAILOR]
Ernesto García Cabral, 1950

above, left
LA PANCHITA
1948

above, right
LOCO Y VAGABUNDO
[MADMAN AND VAGABOND]
Cadena M. [Héctor Falcón], 1945

left
EL CHISMOSO DE LA VENTANA
[THE SNOOP AT THE WINDOW]
Ernesto Guasp, 1955

above, left
LA MUERTE ENAMORADA
[DEATH FALLS IN LOVE]
Vidal/Ernesto García Cabral, 1950

above, right
ÁGUILA O SOL
[HEADS OR TAILS]
Romero, 1937

FELIPE MIER presenta a su Artista Exclusivo

TIN·TAN en...

EL·REY del BARRIO

con MARCELO
SILVIA PINAL
el niño ISMAEL PEREZ
JUAN GARCIA·"VITOLA"
y "BOROLAS"

Dirección de
GILBERTO MARTINEZ SOLARES

Una producción de "AS FILMS, S.A."
Distribuida por MIER y BROOKS, S.A.

left
EL REY DEL BARRIO
[THE KING OF THE NEIGHBORHOOD]
Ernesto García Cabral, 1949

right, top
LA MARCA DEL ZORRILLO
[MARK OF THE SKUNK]
Ernesto García Cabral, 1950

right, middle
ROMEO Y JULIETA
[ROMEO AND JULIET]
Antonio Arias Bernal, 1943

right, bottom
RUMBA CALIENTE
[HOT RHUMBA]
Ernesto García Cabral, 1952

right, top
¡MÁTENME PORQUE ME MUERO!
[KILL ME BECAUSE I'M DYING!]
Francisco Rivero Gil, 1951

right, bottom
AHÍ ESTÁ EL DETALLE
[THERE'S THE DETAIL]
Josep Renau Berenguer, 1940

far right
¡AY AMOR, CÓMO ME HAS PUESTO!
[OH MY LOVE, WHAT YOU DO TO ME!]
Ernesto García Cabral, 1950

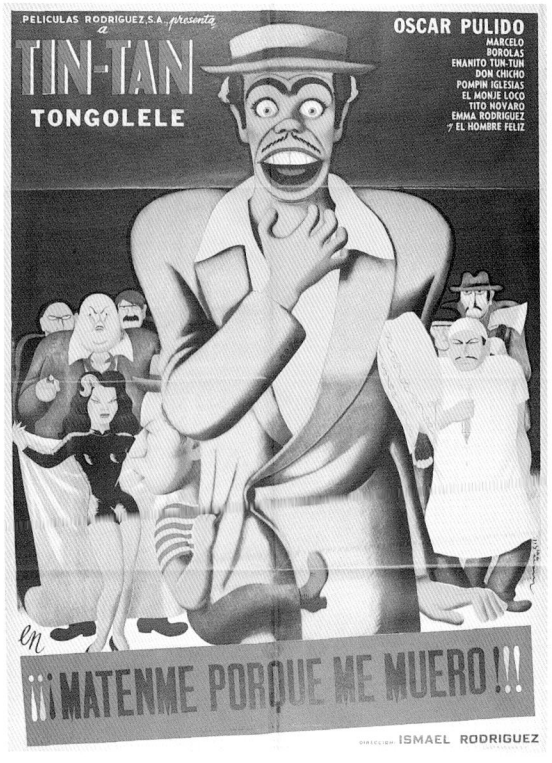

PRODUCCIONES MIER Y BROOKS presentan
¡AY-AMOR
COMO me has PUESTO!
Director:
GILBERTO MARTINEZ SOLARES

Cabareteras

above, left
PERDIDA
[FALLEN WOMAN]
Juanino Renau Berenguer, 1949

above, right
AMOR PERDIDO
[LOST LOVE]
Juanino Renau Berenguer, 1950

far right
CAMINO DEL INFIERNO
[ROAD OF HELL]
Josep Renau Berenguer, 1950

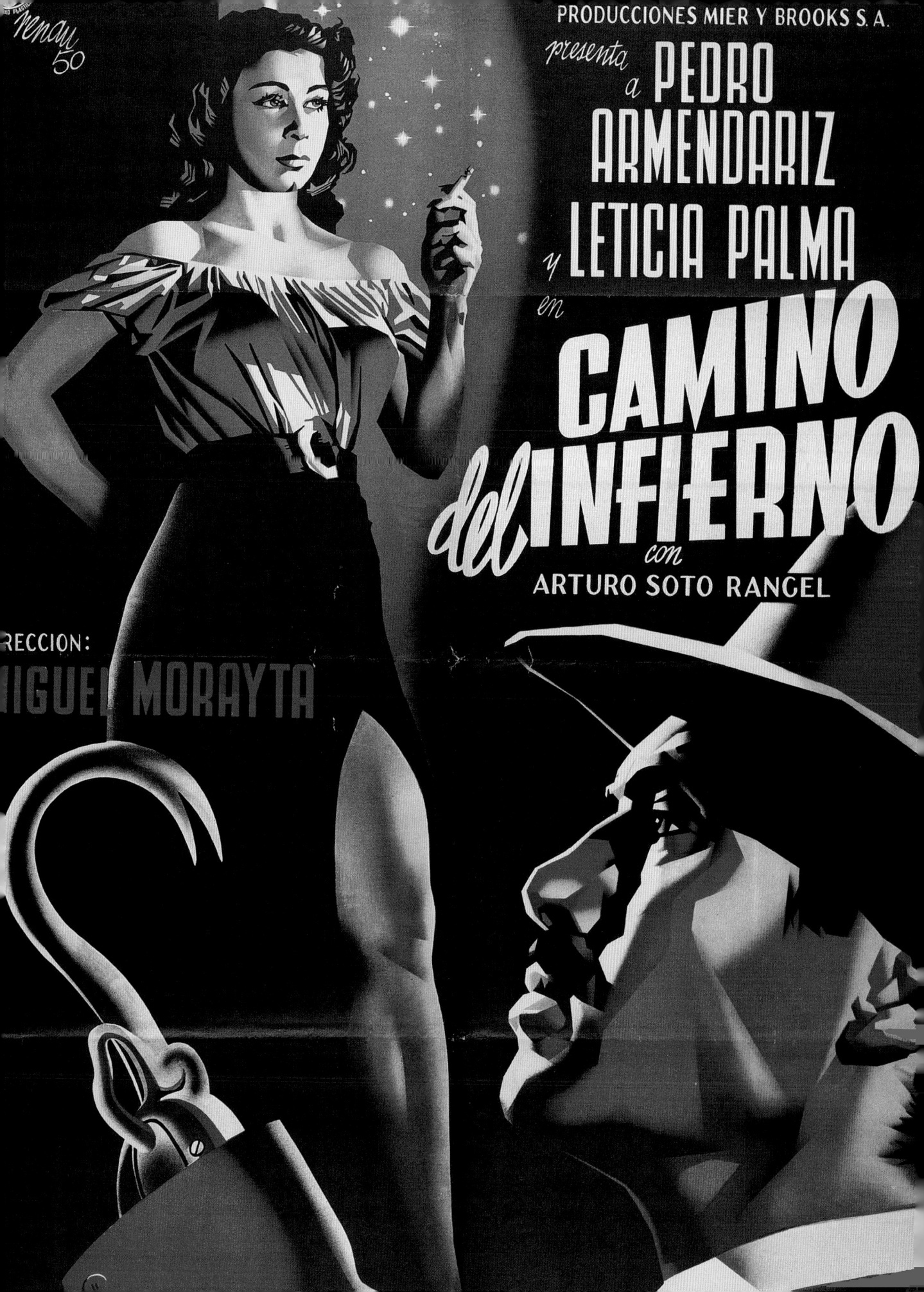

above, left
LA REINA DEL MAMBO
[THE MAMBO QUEEN]
Leopoldo Mendoza, 1950

above, right
LA MESERA DEL CAFÉ DEL PUERTO
[THE WAITRESS AT THE PORT CAFÉ]
1954

right, top
COQUETA
[COQUETTE]
Juanino Renau Berenguer, 1949

right, middle
SENSUALIDAD
[SENSUALITY]
Juan Antonio Vargas Briones, 1950

right, bottom
AMOR DE LA CALLE
[LOVE IN THE STREET]
José Spert, 1949

far right
KONGA ROJA
[RED KONGA]
Audix, 1943

Producciones ISTA, S.A. presenta a

MIROSLAVA y ERNESTO ALONSO en

EL PUERTO de los 7 VICIOS

con

RODOLFO ACOSTA

JOSE BAVIERA *
GILBERTO GONZALEZ *
BLANCA MONTENEGRO *
* TANA LYNN *

Actuación Especial de
NICOLAS URCELAY
Argumento de
M. ALTOLAGUIRRE y EGON EIS
Producida por
MANUEL ALTOLAGUIRRE
productor Asociado
EGON EIS
Dirección de
EDUARDO UGARTE

PRESENTA

DISTRIBUIDORA MEXICANA

ESPAÑA SONO FILMS
Presenta a
JUAN OROL · ROSA CARMINA
JOSE PULIDO en
GANGSTERS
CONTRA
CHARROS
DIRECCION de JUAN OROL
Distribuida por
suevia ultramar films, s. a.

preceding, left
LAS ABANDONADAS
[THE ABANDONED ONES]
Jesús Hernández Corzo, 1944

preceding, right
EL PUERTO DE LOS 7 VICIOS
[PORT OF THE 7 VICES]
Juan Antonio Vargas Briones, 1951

left
GÁNGSTERS CONTRA CHARROS
[GANGSTERS VS. CHARROS]
1947

right, top
PIEL CANELA
[CINNAMON SKIN]
Juanino Renau Berenguer, 1953

right, bottom
EN CARNE VIVA
[IN LIVING FLESH]
Ramón Peinador, 1950

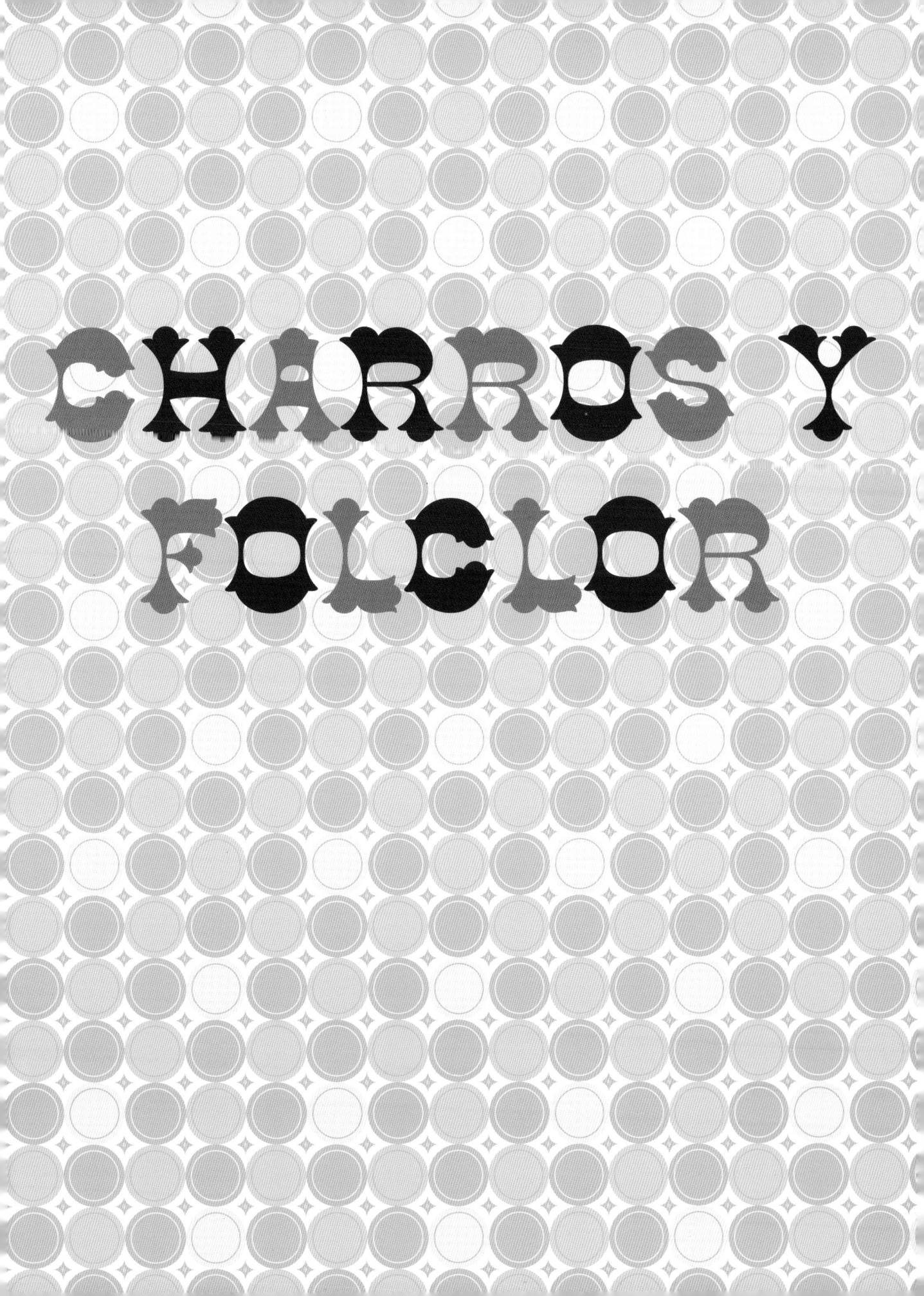

CHARROS Y FOLCLOR

presenta
ESPUELAS de ORO

con
PEDRO GALINDO   CROX ALVARADO

AMANDA del LLANO
FERNANDO SOTO
(MANTEQUILLA)
CONSUELO GUERRERO DE LUNA
Y
JOSÉ G. CRUZ

DIRECTOR
AGUSTIN P. DELGADO
ARGUMENTO
ERNESTO CORTAZAR
MUSICA DE
P. GALINDO y G. CURIEL

Distribuida Mundialmente por FILMADORA CHAPULTEPEC, S.A. REFORMA 12, MEXICO, D.F.

left
ESPUELAS DE ORO
[GOLDEN SPURS]
José G. Cruz, 1947

above
NO BASTA SER CHARRO
[IT'S NOT ENOUGH TO BE A CHARRO]
Josep Renau Berenguer, 1945

right, top
LOS TRES HUASTECOS
[THREE MEN FROM HUASTECA]
Juanino Renau Berenguer, 1948

right, bottom
¡AY JALISCO...NO TE RAJES!
[OH, JALISCO...DON'T BACK DOWN!]
Viejo, 1941

far right
CARTAS MARCADAS
[MARKED CARDS]
Josep Renau Berenguer, 1947

TAL PARA CUAL
[TWO OF A KIND]
Ernesto García Cabral, 1952

DOS CHARROS Y UNA GITANA
[TWO CHARROS AND A GYPSY GIRL]
Ernesto García Cabral, 1956

above, left
TÍA CANDELA
[AUNT CANDELA]
1948

above, right
MÚSICA Y DINERO
[MUSIC AND MONEY]
1956

presenta a
Jorge
NEGRETE
Gloria
MARIN
en
SI ADELITA SE FUERA con OTRO...
con
CROX ALVARADO
ARTURO MARTINEZ
y en actuación especial
MIGUEL ANGEL FERRIZ
JOSE ELIAS MORENO
productor ejecutivo:
ALFONSO SANCHEZ TELLO
dirección
CHANO URUETA
fotografía

preceding, left
¡AY JALISCO...NO TE RAJES!
[OH, JALISCO...DON'T BACK DOWN!]
José Spert, 1941

preceding, right
SI ADELITA SE FUERA CON OTRO
[IF ADELITA WENT OFF WITH
ANOTHER MAN]
Josep Renau Berenguer, 1948

left
¡VUELVEN LOS GARCÍA!
[THE GARCIAS RETURN!]
Juanino Renau Berenguer, 1946

right, top
EL MUCHACHO ALEGRE
[THE CHEERFUL LAD]
José Spert, 1947

right, bottom
SÓLO VERACRUZ ES BELLO
[ONLY VERACRUZ IS BEAUTIFUL]
Leopoldo Mendoza, 1948

left
LA VALENTINA
1938

right, top
EL RAPTO
[THE KIDNAPPING]
1953

right, middle
MACLOVIA
José Spert, 1948

right, bottom
EL AHIJADO DE LA MUERTE
[DEATH'S GODSON]
Carlos de la Vega, 1946

72 COWBOYS AND FOLKLORE

above, left
LA VIRGEN ROJA
[THE RED VIRGIN]
1942

above, right
CAMINOS DE SANGRE
[PATHS OF BLOOD]
Leopoldo Mendoza, 1945

far right
ALLÁ EN EL RANCHO GRANDE
[OVER AT THE BIG RANCH]
Josep Renau Berenguer, 1948

LA NUEVA Y GRANDIOSA VERSION DE LA MAS FAMOSA PELICULA MEXICANA
RODUCCIONES GROVAS S.A. de C.V. PRESENTA A
JORGE NEGRETE
ALLÁ en el RANCHO GRANDE
DIRECCION
FERNANDO de FUENTES
con:

right, top
DICEN QUE SOY MUJERIEGO
[THEY SAY I'M A WOMANIZER]
Juanino Renau Berenguer, 1948

right, bottom
LOS 3 ALEGRES COMPADRES
[THE 3 HAPPY BUDDIES]
Josep Renau Berenguer, 1951

right, top
JUAN CHARRASQUEADO
José G. Cruz, 1947

right, bottom
AHÍ VIENE MARTÍN CORONA
[HERE COMES MARTÍN CORONA]
1951

following, left
EL FANFARRÓN
[THE BRAGGART]
1938

following, right
¡LOS TRES GARCÍA!
[THE THREE GARCIAS!]
Juanino Renau Berenguer, 1946

HISTORIA Y RELIGIÓN

right, top
LOS DE ABAJO
[THE UNDERDOGS]
Juan Antonio Vargas Ocampo, 1939

right, middle
MARÍA MAGDALENA
[MARY MAGDALENE]
Ernesto García Cabral, 1945

right, bottom
ENTRE TU AMOR Y EL CIELO
[BETWEEN YOUR LOVE AND HEAVEN]
Josep Renau Berenguer, 1950

far right
EL JOVEN JUÁREZ
[YOUNG JUÁREZ]
1954

Ernesto
Rita
ALONSO ★ MACEDO
CLASA FILMS MUNDIALES
en
FELIPE DE JESUS
Dirección:
JULIO BRACHO

left
FELIPE DE JESÚS
Juanino Renau Berenguer, 1949

right, top
EL MÁRTIR DEL CALVARIO
[THE MARTYR OF CALVARY]
Josep Renau Berenguer, 1952

right, bottom
MARÍA MAGDALENA
[MARY MAGDALENE]
Juanino Renau Berenguer, 1945

following, left
SAN FRANCISCO DE ASÍS
[ST. FRANCIS OF ASSISI]
Juan Antonio Vargas Ocampo, 1943

following, right
VINO EL REMOLINO Y NOS ALEVANTÓ
[THE TORNADO CAME AND LIFTED US UP]
Leopoldo Mendoza, 1949

JOSE LUIS
JIMENEZ
en
San Francisco de Asis
PRODUCCION DE PEDRO A. CALDERON
STRIBUIDA POR:
AZTECA FILMS INC.
DIRECCION DE

VINO EL REMOLINO Y NOS ALEVANTÓ

MIGUEL ANGEL FERRIZ · CARMEN MOLINA · LUIS BERISTAIN
GILBERTO GONZALEZ · EMMA ROLDAN
BEATRIZ AGUIRRE · ARMANDO SAENZ · ANTONIO DIAZ

Dirección de:

JUAN BUSTILLO ORO

above, left
ADÁN Y EVA
[ADAM AND EVE]
1956

above, right
EL RAYO DEL SUR
[THUNDERBOLT OF THE SOUTH]
1943

above, left
JESÚS DE NAZARETH
[JESUS OF NAZARETH]
Josep Renau Berenguer, 1942

above, right
CHILAM BALAM
1955

Melodrama

DOLORES DEL RIO

BUGAMBILIA

con
PEDRO ARMENDARIZ

DIRIGIDA POR:
EMILIO FERNANDEZ

left
BUGAMBILIA
[BOUGAINVILLEA]
Jesús Hernández Corzo, 1944

above, left
¡MALDITA CIUDAD!
[DAMNED CITY!]
Raúl Martínez Cacho, 1954

above, right
FLOR DE SANGRE
[FLOWER OF BLOOD]
1950

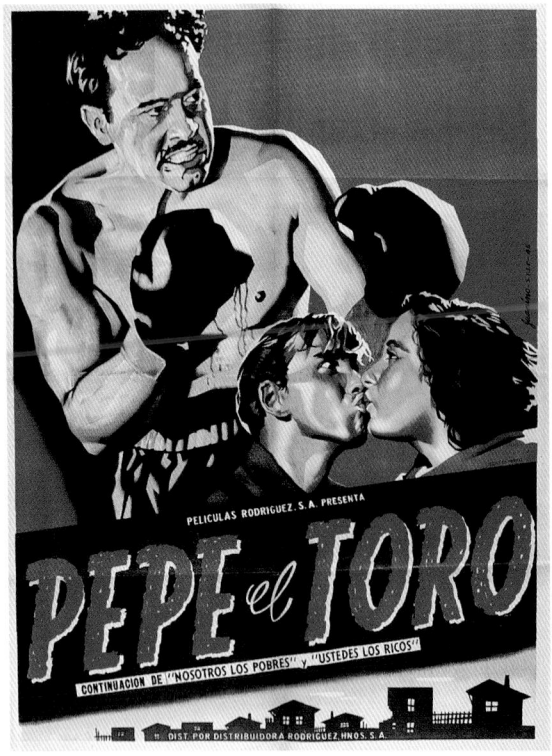

above, left
PEPE EL TORO
[PEPE "THE BULL"]
Juanino Renau Berenguer, 1952

above, right
QUINTO PATIO
[GHETTO LIFE]
Juanino Renau Berenguer, 1950

far right
SOLEDAD
Josep Renau Berenguer, 1947

left
LA ADÚLTERA
[THE ADULTERESS]
Josep Renau Berenguer, 1956

right, top
QUÉ IDIOTAS SON LOS HOMBRES
[WHAT IDIOTS MEN ARE]
Yáñez, 1950

right, bottom
INMACULADA
[IMMACULATE]
Josep Renau Berenguer, 1950

following, left
LA RED
[THE NET]
Antonio Caballero, 1953

following, right
CON QUIÉN ANDAN NUESTRAS HIJAS
[WHO ARE OUR DAUGHTERS GOING
OUT WITH]
Francisco Díaz Moffit, 1955

preceding, left
DESEADA
Jesús Salinas, 1950

preceding, right
LAS PUERTAS DEL PRESIDIO
[PRISON DOORS]
Josep Renau Berenguer, 1949

left
EL BILLETERO
[THE LOTTERY TICKET VENDOR]
1951

right, top
MÉDICO DE GUARDIA
[DOCTOR ON DUTY]
Josep Renau Berenguer, 1950

right, bottom
LA ILUSIÓN VIAJA EN TRANVÍA
[ILLUSION TRAVELS BY STREETCAR]
1953

above, left
HECHIZO TRÁGICO
[TRAGIC SPELL]
1951

above, right
LA MALQUERIDA
[UNLOVED WOMAN]
Juanino Renau Berenguer, 1949

above, left
AMOR SALVAJE
[SAVAGE LOVE]
Cartaya, 1949

above, right
RÍO ESCONDIDO
1947

PRESENTA A

María
FELIX

Arturo de
CORDOVA

CHARITO GRANADOS
FORTUNIO BONANOVA
RAFAEL ALCAIDE
en

LA DIOSA
Arrodillada

DIRECCION DE ROBERTO GAVALDON

DIST. POR *Panamerican Films, S. A.*

LA DIOSA ARRODILLADA
[THE KNEELING GODDESS]
Eduardo Obregón, 1947

above
SUBIDA AL CIELO
[BUS RIDE TO HEAVEN]
Juan Antonio Vargas Briones, 1951

right, top
JUVENTUD DESENFRENADA
[WILD YOUTH]
1956

right, middle
ESPOSAS INFIELES
[UNFAITHFUL WIVES]
1955

right, bottom
CÁRCEL DE MUJERES
[WOMEN'S PRISON]
1951

far right
MARÍA LA O
Carlos de la Vega, 1947

ILMEX, S.A.
presenta a

MARIA FELIX en

DOÑA DIABLA

VICTOR JUNCO

y Perla AGUIAR · Jose Maria LINARES RIVAS · Crox ALVARADO · Dalia IÑIGUEZ

preceding, left
DOÑA DIABLA
[SHE-DEVIL]
José Spert, 1949

preceding, right
VENTARRÓN
[WINDSTORM]
Juanino Renau Berenguer, 1 949

above, left
LA BANDIDA
[THE LADY BANDIT]
1948

above, right
LA CASA COLORADA
[THE RED HOUSE]
Carlos de la Vega, 1947

above, left
¡HAY LUGAR PARA...DOS!
[THERE IS ROOM FOR...TWO!]
Francisco Rivero Gil, 1948

above, right
¡ESQUINA BAJAN!
[GETTING OFF AT THE CORNER!]
Francisco Rivero Gil, 1948

right, top
CUANDO LOS HIJOS SE VAN
[WHEN THE CHILDREN LEAVE]
Josep Renau Berenguer, 1941

right, middle
USTEDES LOS RICOS
[YOU THE RICH]
Juanino Renau Berenguer, 1948

right, bottom
LOS OLVIDADOS
[THE YOUNG AND THE DAMNED]
1950

far right
***CUANDO LOS PADRES SE
QUEDAN SOLOS***
[WHEN THE PARENTS ARE LEFT ALONE]
José Spert, 1948

FERNANDO
SOLER
SUSANA
GUIZAR
MATILDE
PALOU
en
CUANDO LOS PADRES
SE QUEDAN SOLOS
Con
DALIA IÑIGUEZ
GUSTAVO ROJO
BEATRIZ AGUIRRE
PATRICIA MORAN
MIGUEL ARENAS
JULIO VILLARREAL
Dirección de
JUAN BUSTILLO ORO
MIER Y BROOKS S.A.

left
LA MUJER DE NADIE
[NOBODY'S WOMAN]
Rocha, 1937

right, top
MALDITAS SEAN LAS MUJERES
[A CURSE ON WOMEN]
1936

right, bottom
DEL RANCHO A LA CAPITAL
[FROM THE RANCH TO THE CAPITAL]
1941

MISTERIO Y AVENTURA

above
MARIPOSAS NEGRAS
[BLACK BUTTERFLIES]
Juan Antonio Vargas Briones, 1949

right
EL MONSTRUO RESUCITADO
[THE RESURRECTED MONSTER]
1953

right, top
**LA MOMIA AZTECA CONTRA
EL ROBOT HUMANO**
[THE AZTEC MUMMY VS. THE HUMAN
ROBOT]
1957

right, bottom
HURACÁN RAMÍREZ
Juanino Renau Berenguer, 1952

right, top
YO DORMÍ CON UN FANTASMA
[I SLEPT WITH A GHOST]
Juanino Renau Berenguer, 1947

right, bottom
100 DÍAS DE SAFARI
[100 DAYS ON SAFARI]
1948

following, left
EL HOMBRE SIN ROSTRO
[THE MAN WITHOUT A FACE]
Josep Renau Berenguer, 1950

following, right
CALAVERAS DEL TERROR
[SKULLS OF TERROR]
1943

above, left
LA BESTIA MAGNÍFICA
[THE MAGNIFICENT BEAST]
Francisco Díaz Moffit, 1952

above, right
SEDA, SANGRE Y SOL
[SILK, BLOOD AND SUN]
M. Caro, 1941

EL SIGNO DE LA MUERTE
[THE SIGN OF DEATH]
Jorge Aguilar, 1939

EL ENMASCARADO DE PLATA
[THE SILVER-MASKED MAN]
Francisco Díaz Moffit, 1952

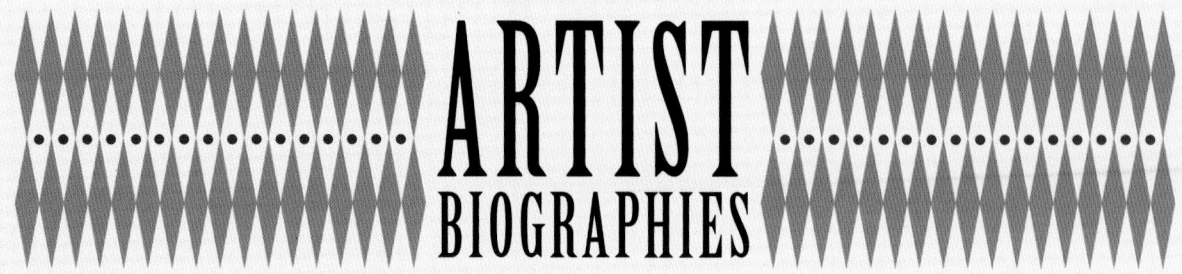

ARTIST
BIOGRAPHIES

HERIBERTO ANDRADE *(1931–)* Born in the state of Puebla, Mexico. At age 14, moved to Mexico City and started out as an office boy in the advertising shop of Juan Antonio Vargas Ocampo. He learned his trade there and became a member of the STIC labor union. Designed posters for film producers such as Abel Salazar and Guillermo Calderón.

ANTONIO ARIAS BERNAL *(1913–1961)* Born in Mexico. Worked in his father's Aguascalientes funeral home decorating coffins, studied art in Mexico City, then began doing caricatures for several magazines, some of which he helped found. His political caricatures appeared in U.S. and European newspapers.

ANDRÉS AUDIFFRED *(1895–1958)* Born in Mexico City. Disciple of Carlos Alcalde at *El Imparcial.* As a caricaturist, he worked at *El Universal* and *El Universal Gráfico.* Later he created several popular comic strips, among them "El Señor Pestaña" (Mr. Eyelash).

CADENA M. *(HÉCTOR D. FALCÓN: 1909–1991)* Born in Tabasco. Worked as an artist at a number of publications, including *El Universal, El Globo, El Heraldo, Excélsior, Mañana, Don Timorato, Revista de Revistas,* and *Novedades.* He also founded the children's weekly *Piocha.*

JOSÉ G. CRUZ *(1917–)* Born in Teocaltiche, Jalisco. Studied art for a time in the United States, then settled in Mexico City as a commercial artist. His credits include the creation of several popular comic book heroes such as Doctor Benton, El Santo, and Adelita. He was also the author of thirty-three screenplays and acted in several films.

ERNESTO GARCÍA CABRAL *(1890–1968)* Born in Huatusco, Veracruz. Won a scholarship to study at the San Carlos Art Academy when he was 17. In 1910 began drawing for popular publications and two years later received a grant to study art in Paris. After working for various French humorous magazines, returned to Mexico in 1918, where he established himself as a top caricaturist in numerous publications. He also created murals in the United States and Mexico.

ERNESTO GUASP *(1910–1983)* Spanish born, he left Europe in 1940 and lived in Mexico City until his death.

LEOPOLDO MENDOZA *(1921–1994)* Born in Mexico City. Apprenticed as a young boy at Juan Antonio Vargas Ocampo's publicity agency. In the early 1940s, he worked for producer Raúl de Anda and other film companies. His brother, José, was the head of publicity for the Ars-Una advertising agency, which handled the major film campaigns after 1944.

BIOGRAFÍAS DE CARTELISTAS

HERIBERTO ANDRADE *(1931–)* Nació en el Estado de Puebla, México. A la edad de 14 años se trasladó a la ciudad de México y comenzó a trabajar en el taller de Juan Antonio Vargas Ocampo. Ahí aprendió a dibujar y después se hizo miembro del STIC. Diseñó carteles para productores cinematográficos como Abel Salazar y Guillermo Calderón.

ANTONIO ARIAS BERNAL *(1913–1961)* Nació en México. Su primer trabajo fue en la funeraria de su padre en Aguascalientes, decorando ataúdes. Estudió dibujo en la ciudad de México, en donde comenzó a trabajar haciendo caricaturas para varias revistas, algunas de las cuales él contribuyó a fundar. Sus cartones políticos se publicaron en los Estados Unidos y en periódicos europeos.

ANDRÉS AUDIFFRED *(1895–1958)* Nació en la ciudad de México. Fue discípulo de Carlos Alcalde en *El Imparcial*. Como caricaturista trabajó en *El Universal* y en *El Universal Gráfico*. Más tarde creó varias tiras cómicas muy populares, entre ellas "El Señor Pestaña."

CADENA M. *(HÉCTOR D. FALCÓN: 1909–1991)* Nació en Tabasco. Trabajó como ilustrador en un buen número de publicaciones como *El Universal, El Globo, El Heraldo, Excélsior, Mañana, Don Timorato, Revista de Revistas* y *Novedades.* Fue fundador del semanario infantil *Piocha.*

JOSÉ G. CRUZ *(1917–)* Nació en Teocaltiche, Jalisco. Estudió pintura en los Estados Unidos y después se estableció en la ciudad de México como diseñador. Entre sus créditos se incluye la creación de varios héroes de comic como el Dr. Benton, El Santo, y Adelita. Además, fue autor de 33 guiones cinematográficos y actor en varias películas.

ERNESTO GARCÍA CABRAL *(1890–1968)* Nació en Huatusco, Veracruz. Cuando tenía 17 años ganó una beca para estudiar en la Academia de Arte de San Carlos. En 1910 inició como dibujante de varias publicaciones populares y dos años más tarde recibió una beca para estudiar arte en París. Después de trabajar en diversas revistas humorísticas en Francia, en 1918 regresó a México, donde se consagró como caricaturista, trabajando para numerosas publicaciones. También fue muralista, tanto en los Estados Unidos como en México.

ERNESTO GUASP *(1910–1983)* Español de nacimiento, en 1940 se trasladó a vivir a la ciudad de México, donde permaneció hasta su muerte.

LEOPOLDO MENDOZA *(1921–1994)* Nació en la ciudad de México. Fue aprendiz en la agencia de Juan Antonio Vargas Ocampo. En los inicios de los años cuarenta trabajó para varias compañías productoras, entre ellas la de Raúl de Anda. Su hermano José fue el director de publicidad de la agencia Ars-Una, que manejó la mayoría de las campañas de publicidad cinematográfica después de 1944.

JOSEP RENAU BERENGUER *(1907–1982)* Born in Valencia, Spain. Studied at the Valencia School of Fine Arts. A successful poster artist, he exhibited his work in Madrid in 1928 and also worked at various publications as a caricaturist. Joined the Communist Party in 1931, was one of the founders of the Union of Proletariat Writers and Artists, wrote their manifesto, and produced socialist agit-prop posters in the 1930s. Founded the journal *Nueva Cultura* and was coeditor of the socialist newspaper in Valencia, *Verdad.* Before leaving Spain in 1939, he was appointed Director of Fine Arts. Once in Mexico, he collaborated with David Alfaro Siqueiros and wrote for various publications. A gifted artist, he produced posters, murals, and graphic design. Moved to Berlin in 1958 and towards the end of his life was praised for his distinctive montages. Died in Germany.

JUANINO RENAU BERENGUER *(1900–1989)* Like his brother Josep, Juanino was born in Valencia. Studied law, but moved to Mexico City soon after Franco came to power in Spain. Created numerous film posters and wrote two drawing and painting books, *Técnica aerográfica, la brocha de aire* and *Dibujo técnico,* both published in 1946.

FRANCISCO RIVERO GIL *(1900–?)* Born in Spain. Immigrated to Mexico in the early 1940s where he did some work for the well-known magazine *Hoy.*

JOSÉ SPERT *(1906–1950)* Born in Valencia, Spain. Spert was a painter who came to Mexico in the early 1940s. A prolific poster artist for the Mexican movie industry, he was said to have designed 60 percent of the posters made by the Filmex movie company during the 1940s.

JUAN ANTONIO VARGAS BRIONES *(1919–1970)* The son of Juan Antonio Vargas Ocampo, he was an important artist in his own right. Worked in motion picture publicity and was the director of publicity at Distribuidora Mexicana de Películas, S.A. He designed numerous posters in the 1950s.

JUAN ANTONIO VARGAS OCAMPO *(1890–1955)* Born in León, Guanajuato. A major figure in Mexican journalism, he studied at the San Carlos Art Academy in Mexico City and began working at *El Imparcial* at a very young age. Founded the magazines *Zig-Zag* and *Revista de Revistas* and served as art director for the latter. A pioneer of movie publicity in Mexico, beginning with the first Mexican sound film, *Santa* (1931). He also wrote the scripts for *San Francisco de Asís* (1943) and *San Ignacio de Loyola* (1948).

JOSEP RENAU BERENGUER *(1907–1982)* Nació en Valencia, España, donde estudió en la Escuela de Bellas Artes. Exhibió su obra en Madrid en 1928 y trabajó como caricaturista en varias publicaciones. Miembro del Partido Comunista desde 1931, fue fundador de la Unión de Escritores y Artistas Proletarios. Escribió el manifiesto y produjo carteles de propaganda socialista en los años treinta. Fue fundador de *Nueva Cultura* y coeditor del periódico socialista de Valencia, *Verdad.* Antes de dejar España en 1939, fue nombrado director general de Bellas Artes. En México colaboró con David Alfaro Siqueiros y escribió para varias publicaciones. Un artista dotado, realizó carteles, murales y diseños gráficos. Se trasladó a Berlín en 1958 y hacia el fin de su vida era elogiado por sus fotomontajes. Murió en Alemania.

JUANINO RENAU BERENGUER *(1900–1989)* Como su hermano Josep, nació en Valencia. Estudió leyes, pero se trasladó a la ciudad de México después de que Franco se hizo del poder en España. Fue creador de numerosos carteles cinematográficos y autor de dos textos sobre dibujo, *Técnica aerográfica, la brocha de aire* y *Dibujo técnico,* ambos publicados en 1946.

FRANCISCO RIVERO GIL *(1900–?)* Nació en España y emigró a México a principios de los cuarenta, donde realizó algunos trabajos para la conocida revista *Hoy.*

JOSÉ SPERT *(1906–1950)* Nació en Valencia, España. Llegó a México en los tempranos años cuarenta. Fue un prolífico ilustrador de carteles para la industria cinematográfica. Diseñó el 60 por ciento de los carteles producidos para Filmex durante los cuarenta.

JUAN ANTONIO VARGAS BRIONES *(1919–1970)* Hijo de Juan Antonio Vargas Ocampo, fue un artista importante por su propio mérito. Trabajó en publicidad de películas y fue el director de publicidad de Distribuidora Mexicana de Películas, S.A. Diseñó numerosos carteles durante la década de los '50.

JUAN ANTONIO VARGAS OCAMPO *(1890–1955)* Figura mayor del periodismo mexicano. Nació en León, Guanajuato y estudió en la Academia de Arte de San Carlos en la ciudad de México. Comenzó a trabajar muy joven en *El Imparcial.* Fue fundador de la revista *Zig-Zag* y de *Revista de Revistas,* de la cual fue director artístico. Pionero de la publicidad de películas en México, inició con *Santa* (1931) en los inicios del cine sonoro de México. También escribió los argumentos para *San Francisco de Asís* (1943) y *San Ignacio de Loyola* (1948).

INDEX BY TITLE
ÍNDICE POR TITULO